매출 **10**억 원대 기업을
100억 원 기업으로 만드는 방법

KO FE 코페하우스

머리말

'지금부터 3년 안에,
매출 10억 원대 기업을 100억 원 기업으로 만드는
프로젝트를 시작합니다.'

"앞으로… 어떻게 하면 도약할 수 있습니까?"

이 질문은 연 매출 10억 원대에서 머무르고 있는 기업의 사장이 가장 많이 하는 말이다. 그리고 이 규모 매출의 모든 경영자가 하는 공통된 고민일 것이다.

지금까지 많은 기업의 성장 프로젝트와 전략을 컨설팅하여 단기간에 매출이 상승하는 성과를 거두었고, 그 결과 프로젝트를 수행한 기업들로부터 '이소즈미 매직'이라는 별칭으로 부르고 있다.

기업의 성과는 업력이 쌓이면서 실적이 오르고 사업 규모도 커지면서 조직이 확대되고 사원 수도 증가하는 성장 과정을 갖게 된다. 이 과정에서 10억 원대 기업은 성장의 한계에서 부딪치게 된다.

바로, '연 매출 10억 원대 기업의 벽'이다.

많은 기업이 연 매출 10억 원을 무난히 넘기지만, 그 이후 10억 원대에서 성장이 멈추거나, 그 벽을 넘지 못하고 매출 하락으로 전환되는 현상이 나타난다. 이는 지금까지의 운영 방식이 더는 통하지 않는, 전혀 다른 차원의 경영 과제가 눈앞에 놓였다는 뜻이다.

이 지점에서 많은 경영자들이 괴로워하며 상담을 요청한다. 그들은 한결같이 말한다.

"지금까지 잘 해온 방식이 전혀 통하지 않게 되었습니다. 도대체 어떻게 해야 실적이 다시 오를까요…"

그러한 기업들과 함께 고민하고 성장 프로젝트를 수행하면서 이 새로운 과제가 가진 진짜 의미를 깨닫게 되었다.

10억 원대 기업이 병목점을 돌파하기 위해서는 '전혀 다른 어프로치'가 필요하다. 이는 단순히 경영 기술이나 마케팅 전략의 문제가 아니다.

기업의 형태, 경영자의 사고방식, 조직의 구조 자체가 완전히 다른 수준으로 전환되어야 가능한 것이었다. 그리고 이것을 실행한 기업은 100억 원까지 빠른 기간에 도달하는 구조를 갖추게 된다.

나는 확신을 가지고 그 목표를 말할 수 있다.

'지금부터 3년 안에, 연 매출 10억 원대를 100억 원으로 만든다.'

이것은 단지 희망이나 격려가 아니다. 경영자의 결의만 있다면 충분히 가능한 목표이다.

이 책은 지금까지 컨설팅한 200여 기업의 성장을 통해 확인한 핵심 원리와 전략을 정리한 것이다. 이제부터는 당신 기업의 차례다. 10억 원대 기업을 100억 원으로 도약하는 여정의 첫걸음을 이 책과 함께 내딛기를 바란다.

저자 씀

차례

PART
1

10억 원대 기업의
도약 설계도

Chapter
1
왜 도약 설계도가 필요한가.

1. 성장 변환점은 10억 원대에 온다.

2. 도약할 수 있는 설계도가 필요하다.

3. 100억 기업의 인재 활용 방식이 필요하다.

4. 장인 공방을 공장으로 바꾸자.

1

성장 변환점은 10억 원대에 온다.

⠿ 기업 활동은 커뮤니케이션의 결과

연 매출 10억 원대 기업이 100억 원 기업이 되기 위한 핵심을 결론부터 말한다면 그것은 기업이 성장하는 과정과 그 성장에 필요한 조건은 업종을 불문하고 놀랄 정도로 모두 상통한다.

취급하는 상품이나 서비스가 무엇이든 자사와 고객과의 커뮤니케이션(communication)[1]이라는 기업 활동을 한다. 그러한 커뮤니케이션을 담당하여 주고받는 사람은 경영자와 기업의 구성원인 사원과 고객인 것이다.

즉 기업 활동이란 우리들 인간이 생각하고 움직이는 것이며, 매출이나 이익이라고 하는 기업 활동의 성과도 그 결과에 지나지 않는다. 그러므로 어떠한 업종이라도 「경영=마케팅+매니지먼트」라고 하는 운영에는 공통으로 유효한 방법이 있는 것이다. 그러나 그 방법은 기업이 처한 상황에 따라 다소 차이가 생긴다.

극단적으로 표현하면 사장 혼자뿐인 기업과 사원 3천 명의 기업에서는 당연히 성장하는 방법이 다르다는 사실은 알 것이다. 기업이 성장해 가는 고비마다 경영에 필요한 전략과 방법이 바뀌어 간다는 것이다.

▶ 핵심포인트
  • 기업 성장에는 업종을 초월한 공통 구조가 존재한다.

---

[1] 기업 커뮤니케이션(Corporate communication)은 기업이 조직 내부 및 외부 이해관계자와 소통하는 모든 활동을 의미하며, 기업의 메시지를 전달하고, 관계를 형성하며, 이미지를 관리하는 전반적인 과정을 포함한다.

- 기업 활동의 본질은 사람 간의 커뮤니케이션이다.
- 성장 단계마다 경영전략과 방식은 달라져야 한다.

⚙ 성장의 첫 번째 변환점

기업 경영에서 최초의 고비가 연 매출 10억 원대부터 20억 원에 도달하기까지이다. 이 고비를 넘을 수 있는가 할 때에 최초의 변환점이 다가온다.

그러나 대부분의 경영자는 자사가 변환점에 다가섰음을 깨닫지 못한다. 깨닫지 못한 채로 기존의 방법대로 성장을 도모한다. 그 결과 매출의 신장이 멈추고 100억 원이라고 하는 숫자에는 아무리 해도 도달하지 않는다.

만약, 최초의 변환점에 이르기 전에 도약을 위해 필요한 방법을 알고 있다면 어떨까. 나아가 그 방법에 따라 미리 준비가 되어 있다면 어떨까. 나는 그것을 "100억 원 기업의 비즈니스 모델, 또는 100억 원 기업의 설계도"라고 부르고 있다.

그것을 알고 있다 하더라도 어느 시점에서 아는가 하는 차이가 다음 단계로의 성장 속도를 결정한다.

▶ 핵심포인트
- 연 매출 10~20억 원대는 기업 성장의 최초 고비이자 전략 전환의 분기점이다.
- 기존 방식의 연장선으로는 더 이상의 성장은 어렵고, 비즈니스 모델의 구조적 변화가 필요하다.
- 100억 원 기업의 설계도를 사전에 알고 준비하는 기업은 도약의 타이밍을 놓치지 않는다.

2

도약할 수 있는 설계도가 필요하다.

✦✦ 원인을 찾아서 도약할 방법

10억 원대 기업에는 없고, 100억 원에 없는 것은 무엇일까?

연 매출 10억 원대 기업이 20억 원의 벽에 부딪혀 주저앉는 상태가 계속되면 걸림돌이 되는 원인을 찾아서 도약할 방법을 만든다면 연 매출 20억 원의 벽을 뛰어넘을 수 있을 것이다.

사업 수완이 있거나 사업아이디어가 있는 사장일수록 '이제까지 잘해 왔으니까, 지금까지의 방법은 나쁘지 않다는 것이다. 어떤 방법이라도 좋으니, 매출을 더 올리기 위해서는 어떻게 하면 좋을 것인가'라며 생각한다.

혹은 "본 사업 외에 새로운 사업을 하나 더 추가하여 수익을 올릴 수 있는 신사업을 추가하여 2개의 사업을 하면 성장할 수 있지 않을까?"라고 생각하여, 사업을 전개할 수도 있을 것이다.

▶ 핵심포인트
- 10억 원대 기업의 정체는 '지금까지 해온 운영 방식'을 고수하려는 사고에서 비롯된다.
- 성장은 기존사업의 확장이 아니라, 경영 구조의 재설계와 도약 전략에서 시작된다.
- 본 사업 강화 없이 신사업을 추가하는 전략은 도약이 아닌 사업 리스크 부담으로 전락할 수 있다.

●● 성장을 위한 사고방식의 전환

그러나 이와 같은 사고방식은 우선 10억 원대 기업에서 탈출할 수 없다. 현재까지 해온 것의 연장선이 전제되는 한 탈출할 수 없는 것이 현실이다.

100억 원 기업을 목표로 한 경영자가 먼저 해야 할 것은 발상을 확 바꾸는 것이 새로운 성장곡선을 그리기 위한 출발선에 서는 것이다. 같은 업종의 기업인데, 매출이 10억 원대 기업과 100억 원 기업 사이에는 틀림없이 모두가 상상할 수 없을 정도의 커다란 차이가 있다.

기업이니까 무언가 팔 만한 상품이 있고, 그것을 사줄 고객이 있어서 매출이 오르고 필요한 경비를 지급한다고 하는 기본적인 것은 동일하지만, 그러기 위해서 움직이고 있는 "포장 상자 안의 내용물"이 완전히 다른 것이다.

100억 원 기업으로 도약하기 위한 사장 업무란 전자계산기를 만드는 것이다. 그것이 10억 원대 기업의 경영과 무엇이 다를까? 이를 다르게 표현하면 "계산하는 기계(시스템)를 만든다.= 자사의 비즈니스 모델, 즉 비즈니스 설계도(시스템)를 만든다."라는 것이 사장의 업무이다.

10억 원대 기업에서 사장은 현장의 최전선에서 열심히 일하고, 일을 따내며 매출을 만드는 것이 주된 업무이다. 스스로 주판을 상당히 빠른 속도로 다루고 있는 이미지. 나는 이러한 상황을 사장이 스스로 전투하고 있다고 보고 있다.

이대로 자신이 전투하고 있는 듯한 큰 틀의 환경을 바꾸지 않는 한 성장의 여지가 상당히 한정된다는 것을 이해하였는가? 전자계산기를 가지고 있지 않기 때문에 사장 자신이 더욱 주판의 달인이 되어 지금 이상으로 계산 속도를 올리거나, 자신과 동등한 정도로 주판을 할 수 있는 사람을 어딘가에서 데리고 오는 방법밖에는 없다.

이것은 상당히 어려운 일이라고 하지 않을 수 없다. 어쨌든 사장 자신이 주판을 손에서 놓지 못하기 때문에 사장 자신은 언제나 편하지 않은 것이다.

▶ 핵심포인트
- 10억 원대 기업의 한계는 '사장이 직접 전투하는 구조'에 있다.
- 100억 원 기업의 사장은 '전투하는 사람'이 아니라, '전투 시스템'을 만드는 사람이다.
- 성장을 위해서는 사원이 전투하는 조직 구조로 전환해야 한다.

⚫⚫ 도약을 위한 설계도의 필요성

▶ **전자계산기를 만드는 것이 사장의 일이다.**

100억 원 기업에는 전자계산기와 같은 '계산 시스템'이 존재한다. 이는 아마추어 사원이라도 일정한 속도로 계산하고, 구성원을 교체하더라도 운영이 가능한 체계를 말한다. 하지만, 이 전자계산기는 저절로 만들어지지 않는다. 누군가, 즉 사장이 이 편리한 구조를 '설계'해야 한다.

사장은 이제 더 이상 직접 주판을 두드리는 존재가 아니라, 누구든 계산할 수 있도록 환경과 도구를 제공하는 역할을 맡아야 한다. 전투의 최전선에 서는 것은 사원이지만, 전황을 보고 전략을 세우는 것은 사장의 몫이다.

▶ **비즈니스 모델은 전자계산기의 설계도다.**

전자계산기의 내부를 보면 다양한 부품들이 건전지와 함께 연결되어 하나의 도구로 작동한다. 마찬가지로 100억 원 기업의 경영도 각 부서와 시스템이라는 부품들이 유기적으로 연결되어 있어야 한다. 이 연결 구조를 설계하고 조립하는 것이 바로 '비즈니스 모델'이며, 이 설계도가 곧 사장이 만들어야 할 경영의 청사진이다.

10억 원 기업에서 100억 원 기업으로 도약하고자 한다면, 가장 먼저 해야 할 일은 이 '100억 원으로 가는 설계도'를 명확히 그리는 것이다.

▶ 건전한 성장을 위한 조건은 시스템이다.

가끔 비즈니스 모델 없이도 100억 원 매출을 돌파한 기업이 있다. 이는 대개 일시적인 붐이나 운에 의한 결과로, 곧 급락하는 경우가 많다. 이러한 '급성장'은 지속 가능하지 않다. 반면, 건전하게 성장한 기업들은 거의 예외 없이 비즈니스 모델이라는 설계도를 갖추고 있다.

기업은 저절로 성장하지 않는다. 성장시키는 구조가 필요하다. 부품을 설계도에 맞게 조립해 가면 기업의 계산 능력, 즉 경영 성과는 비약적으로 향상된다. 그러므로 "3년 안에 100억 원 매출이 가능하다."라는 말도 설계도와 시스템이 있으면 절대 허황하지 않다.

결국, 기업이 성장을 원한다면 가장 먼저 해야 할 일은 "성장의 설계도를 그린다"라는 발상을 갖는 것이다.

3

100억 기업의 인재 활용 방식이 필요하다.

●● 사장의 인식 변화 시점

▶ 도구 설계의 출발점: '누가 사용할 것인가?'

어떤 도구를 설계하고 제작할 때, 설계자가 가장 먼저 고려해야 할 것은 그 도구의 사용 목적과 "누가 사용하는가?"이다. 사용자는 전문가일 수도 있고, 경험자 또는 초보자일 수도 있다. 다양한 수준의 사용자가 활용할 수 있는 도구를 만드는 것이 기본이다.

기업 경영도 마찬가지다. 직원이 도구의 사용자라면, 사장은 직원이 사용할 수 있는 구조와 시스템을 설계해야 한다. 이것이 비즈니스 설계의 기본이며, 매출은 사원이 만들어내는 구조에서 나와야 한다.

▶ 잘못된 인재 육성 인식: 의식 개혁만으로는 부족하다.

하지만 현실에서는 이 기본 전제를 간과하는 10억 원대 기업의 사장이 많다. "100억 원 기업을 목표로 하는 데 가장 중요한 과제가 무엇입니까?"라는 질문에 많은 사장들이 "인재를 육성하는 것입니다"라고 답한다. 한 발 더 들어가 "인재 육성이란 어떤 것입니까?"라고 물으면, "의식 개혁입니다"라고 말한다.

이 답에는 "왜 우리 사원은 이런 것도 못 하는 걸까"라는 불만과, "의식을 바꾸면 일을 더 잘하게 되지 않을까"라는 바람이 담겨 있다. 하지만 이는 사원의 현재 능력을 인정하지 않는 전제를 바탕으로 한 생각이다.

▶ 사원이 매출을 만들어내는 구조가 우선이다.

결국 이러한 인식은 현실에서 "중요한 일은 사장이 전담하고, 사원은 보조 업무만 수행하게 되는 구조"로 나타난다. 사장이 모든 매출을 책임지고, 사원은 지원 역할만 수행하는 구조에서는 인재 육성이 이루어질 수 없다.

사원이 실제 매출을 만들 수 있는 구조를 설계하지 않는 한, 의식 개혁은 공허한 구호에 불과하다. 인재 육성의 본질은 사원이 직접 성과를 낼 수 있도록 환경과 도구를 제공하는 것이며, 그것이야말로 사장이 먼저 해야 할 일이다.

🔸 사원의 매출 구조로 전환

▶ 사장의 업무를 대체하는 구조가 핵심이다.

100억 원 기업을 만들어 가는 사장은 사원의 능력을 '활용'할 줄 아는 사람이다. "일반적인 사원은 사장의 업무를 30% 정도만 수행할 수 있습니다. 하지만 그 정도로도 충분합니다. 그 30%의 역량을 발휘할 수 있도록, 사장이 하던 일을 그들에게 맡기는 것이 경영입니다." 이 말을 들으면 10억 원대 기업의 많은 사장이 놀란다. 그러나 이것이 바로 도약을 이끄는 핵심 전략이다.

▶ 뛰어난 사장의 착각: 인재는 넘쳐나지 않는다.

그런데도 많은 경영자들은 "지금 당장은 무리다"라고 말한다. 이들은 대부분 뛰어난 경영자다. 그렇기에 자신과 같은 수준의 인재가 시장에 있을 것이라는 착각에 빠진다. 하지만 현실은 다르다. 사장처럼 유능한 인재는 대부분 대기업에 근무하거나 이미 독립해 있다. 중소기업의 채용 시장에는 그런 인재가 쉽게 존재하지 않는다.

▶ 초보 사원을 전자계산기처럼 활용할 수 있게 하라.

즉, 완성된 인재를 찾기보다는, 초보자도 활용할 수 있는 '전자계산기' 같은 구조를 설계해야 한다. 입사하는 대부분의 사원은 계산의 달인이 아니라, 아무것도 모르는 초보자다. 블라인드 터치로 전자계산기를 다루는 사람은 없다. 따라서 사장은 이들이 효율적으로 업무를 수행할 수 있도록 시스템을 만들어 주어야 하며, 그 구조 설계 자체가 100억 원 기업을 만드는 핵심 역할이다.

평범한 인재로 시스템을 설계하자

▶ 기대치보다 현실부터 인정하는 것이 출발점이다.

신입이든 경력자든, 입사 시점에서 갖춘 업무 능력은 사장 본인의 약 30% 수준에 불과하다. 물론 그중에는 사장 이상의 영업력을 가진 인재도 있을 수 있다. 그러나 상품을 잘 팔지 못하는 사원이나 막 입사한 신입까지 포함하면 전체 평균은 30% 수준에 그친다. 이 수치는 교육을 통해 어느 정도 향상될 수 있지만, 그리 크지 않다는 점에서 애초에 과도한 기대보다는 이 현실을 전제로 기업 구조를 설계해야 한다.

▶ '사장 수준의 인재'는 채용 시장에 거의 없다.

영업사원을 채용했지만, 실망하는 경영자가 많은 이유는, 처음부터 지나친 기대를 품기 때문이다. 흔히 "자신을 능가하는 인재는 채용할 수 없다"고 하는데, 이는 현실이다. 엄밀히 말하면 사장과 동급의 인재조차 중소기업의 공채시장에는 거의 응하지 않는다. 따라서 "뛰어난 인재가 들어오면 회사를 키우겠다"는 사고는 비현실적이며, 오히려 사장의 능력의 30% 수준 인재를 기준으로 경영 시스템을 설계해야 한다.

▶ 기업 설계의 기준은 「초보자도 쓸 수 있는 시스템」

사람은 자신 기준으로 사고하기 쉬워, 자신처럼 이해하고 행동할 수 있을 것이라 착각한다. 하지만 기업은 다양한 수준의 인재들이 함께 일하는 공간이다. 마치 버튼이 가득한 복잡한 리모컨을 보며 "사용자를 배려하지 않았다"라고 느끼는 것처럼, 기업 시스템도 평균적인 사용자인 사원을 기준으로 설계되어야 한다. 즉, '전자계산기처럼 누구나 다룰 수 있는 구조'를 만드는 것이 100억 원 기업 설계의 핵심이다.

도약할 수 있는 조직으로 설계

▶ 사장의 성과를 넘어서는 조직 설계

100억 원 기업의 구조를 단순화해 설명하면 다음과 같다. 사장 1명이 100의 성과를 낼 수 있고, 일반 사원이 1인당 30의 성과를 낼 수 있다고 가정하면, 사원 4명이 함께 일할 경우 총 120의 성과를 낼 수 있다. 이는 사장 혼자 일할 때보다 더 높은 성과다. 이처럼 사장의 개인 역량에 의존하지 않고, 여러 명의 사원이 팀으로 만들어내는 합산 성과가 더 크도록 설계하는 것이 100억 원 기업의 기본 구조다.

▶ 인재의 '우수함'보다 '시스템화'가 우선이다.

물론 평균적인 사원의 역량은 사장보다 낮고, 업무의 질도 떨어질 수 있다. 하지만 사장과 동일한 수준의 인재를 고용하거나 육성하여 성과를 내는 방식은 시간과 비용이 너무 많이 든다. 따라서 성장 속도를 높이려면, 우수한 인재를 전제로 하기보다 역량이 부족한 인재들도 일정 수준 이상의 성과를 낼 수 있도록 만드는 조직 설계가 필요하다. 바로 이것이 100억 원 기업을 위한 비즈니스 모델의 핵심이다.

▶ 일반 상식과 다른 '100억 원 설계도'의 효과

"평균 이하의 인재로도 기업이 빠르게 성장할 수 있다"라는 사고방식은 일반 상식과 다르기에 쉽게 받아들여지지 않는다. 많은 경영자는 여전히 '우수한 인재' 중심의 성장 전략을 선호한다.

그러나 실제로 이 구조를 받아들이고 실천한 기업들은 빠르게 성과를 냈고, 가장 안정적으로 100억 원 규모로 도약할 수 있었다. 핵심은 사람을 갈아넣는 방식이 아니라, 구조와 시스템으로 조직이 움직이게 만드는 데 있다.

4

장인 공방을 공장으로 바꾸자.

사원의 능력과 위임의 착각

기업을 능력이 사장의 30%밖에 되지 않는 사람이 사용하는 도구라고 인식하는 것부터 시작해야 한다. 그런 상황에서 사장이 지금까지 쌓아온 전투 기술을 고스란히 따라 하라고 요구하는 것은, 현실적으로 불가능한 일이다.

예를 들어 고객 확보만 보더라도 그렇다. 신규 고객을 개척할 때, 사원이 자기 능력만으로 즉시 성과를 내는 경우는 극히 드물다. 느닷없이 "이제부터 고객을 확보하라"고 지시를 받은 쪽도 버겁기만 하다.

때때로 "나는 권한을 위임하여 인재를 육성한다"라고 말하는 경영자가 있는데, 이는 잘못된 방식이다. 그런 식의 위임은 책임을 회피하고, 방치하고 있는 것에 불과하다.

▶ 핵심포인트
- 사원이 사용하는 도구로 기업을 설계해야 한다.
- 성과를 요구하기 전에 구조와 환경을 먼저 만들어야 한다.
- 위임은 방치가 아니라 지원과 함께 이루어져야 한다.

100억 원 기업을 위한 '분담'의 구조 설계

100억 원 기업을 설계하기 위해 받아들여야 할 전제는, 업무를 분리하고 복수의 담당자가 처리할 수 있도록 만드는 방식이다. 한마디로 말하자면

'분담'이다.

자동차도 혼자 조립할 수는 있겠지만, 공장에서는 생산 설비를 구성하고 여러 사람이 각기 다른 작업을 맡아 전체 효율을 높인다. 반면 10억 원대 기업을 예로 들면, 한두 명, 많아야 몇 명의 장인이 각자의 업무를 처음부터 끝까지 해내는 '장인 공방' 방식에 가깝다.

작업 수준은 높지만, 대량으로 업무를 처리하기엔 무리가 있는 구조다. 유감스럽게도 이런 장인 공방식으로는 매출을 100억 원까지 끌어올리는 데 너무 오랜 시간이 걸린다. 장인 한 명이 독립적으로 일할 수 있을 때까지 걸리는 시간 자체가 길기 때문이다.

▶ 핵심포인트
- 업무는 분담되어야 하며, 한 사람이 처음부터 끝까지 처리하는 구조에서 벗어나야 한다.
- 대량 생산의 시스템적 사고가 필요하며, 장인 중심 방식은 확장성에 한계가 있다.
- 복수의 담당자가 같은 수준의 업무를 나누어 처리할 수 있도록 업무를 표준화하고 구조화해야 한다.

✸✸ 장인공방 사고에서 '공장' 사고로 전환

매출 100억 원을 목표로 하는 사장이 가장 먼저 고려해야 할 점은, 장인 개인의 역량에 의존하는 기존 방식에서 벗어나야 한다는 것이다. 즉, 누구나 일정 수준의 품질을 낼 수 있는 공장형 구조로의 재설계가 필요하다.

공장 구조는 작업 단위를 작게 나누어 시간제 근무자조차도 일정 수준의 성과를 낼 수 있게 하며, 장인의 감각 대신 시스템화된 품질 관리와 검토 기능으로 품질을 유지한다.

▶ 사장의 역할은 '공장장'이다.

　사장은 더 이상 현장에서 직접 전투를 벌이는 사람이 아니라, 생산 흐름을 설계하고 점검하는 '공장장'이 되어야 한다. 가장 먼저 해야 할 일은 장인의 머릿속에 있는 작업 순서와 노하우를 끄집어내어 누구나 따라 할 수 있도록 표준화하는 일이다.

　실수를 줄이고 효율을 높일 수 있는 작업 순서를 고민하고, 이를 사원이 실행할 수 있는 단위로 재구성하는 것이 핵심이다. 현장에 있는 것은 사원이지만, 공장의 전반적인 품질과 성과에는 사장이 책임을 져야 한다.

▶ 생산 능력에 맞는 수요 조절과 업종 불문 적용

　공장의 성과는 단지 프로세스만으로 완성되지 않는다. 출하량과 품질을 동시에 관리하기 위한 '품질 체크 공정'과 생산 능력에 맞는 수주 조절이 병행되어야 한다. 일이 없거나 과도하게 몰리는 상황 모두 조직에 부담이 되기 때문이다.

　또한 이러한 공정에 관한 사고는 제조업에만 국한되지 않는다. 리모델링, 광고, 기획 등 무형 서비스를 제공하는 업종에서도 동일하게 적용할 수 있으며, 실제로 많은 기업이 도요타의 '카이젠' 정신에서 그 실마리를 찾고 있다.

✦✦ 미래를 설계하는 사고방식이 사장의 본질

▶ 사장이 해야 할 일은 단순 실행이 아닌 '설계'

　사장의 본질적인 역할은 단순히 업무를 수행하는 것이 아니라, 그 업무를 어떻게 수행할 것인가를 고민하고 설계하는 데 있다. 이는 경험에서 비롯된 판단력과 실행 아이디어가 요구되며, 조직 내 누구도 쉽게 대체할 수 없는 고유의 업무다. 즉, 본질적으로 이 일은 사장만이 할 수 있는 일이다.

▶ 사원의 능력은 사장의 30% 수준이라는 전제

기업이 성장하려면 인력을 늘려야 하지만, 대부분의 사원은 평균적으로 사장의 30% 정도의 성과 능력을 갖춘다는 점을 인정해야 한다.

이 전제를 무시하고 과도한 기대를 하거나, 사장 스스로 모든 업무를 수행하려고 한다면 곧 한계에 부딪히게 된다. 그런데도 품질과 성과는 일정 수준 이상을 유지해야 하기에, 단순한 인력 확충만으로는 해결되지 않는다.

▶ 미래를 대비하는 '설계도 발상'이 사장의 핵심 역할

성장을 위한 핵심은 장래를 예측하고, 그에 맞는 조직 구조와 업무처리 방식을 사전에 설계하는 것이다.

이를 '설계도 발상'이라 하며, 이는 매출 100억 원을 목표로 하는 기업의 사장이 반드시 갖추어야 할 전략적 사고방식이다. 현장을 관리하는 리더가 아니라, 미래를 설계하는 설계자가 되어야 한다는 전환이 요구된다.

Chapter
2
어떻게 도약 설계를 해야 하나.

1. 비즈니스 설계도를 다시 그리자.

2. 확실한 성공 사례를 벤치마킹하자.

3. 마케팅과 매니지먼트로 성장을 설계하자.

1

비즈니스 설계도를 다시 그리자.

●● 100억 원 기업이 되기 위한 첫 번째 결단

▶ 20억 원의 벽을 넘기 위한 전환점

10억 원대 기업이 20억 원의 매출 벽을 넘고, 더 나아가 100억 원 기업으로 도약하기 위해서는 단순한 확장이 아니라 '회사의 전부를 바꾸는 수준의 변화'가 필요하다.

그 차이는 마치 주판과 전자계산기, 장인 공방과 자동화 공장만큼이나 크며, 이를 실현하기 위해서는 기업 구조와 운영 방식을 완전히 새로 설계해야 한다. 이 설계도는 곧 '비즈니스 모델'로, 변화의 출발점이 된다.

▶ 가장 큰 장애물은 사장의 결단

기업 구조를 근본적으로 바꾸는 데 있어 가장 큰 장애물은 자금이나 인재가 아닌 사장의 결단이다. 특히 '현장 최전선'에서 자신을 떼어내는 것이 가장 어렵다.

컨설팅 초기 "100억 원 기업으로 혁신하겠다"라고 말하는 경영자에게 나는 반드시 이렇게 조언한다. "좋습니다. 그러면 오늘부터 현장에는 절대 나가지 마십시오." 이 말에는, 사장이 직접 전투에 참여하는 구조를 벗어나지 않으면 아무리 시간이 지나도 20억 원의 벽조차 넘을 수 없다는 현실 인식이 담겨 있다.

▶ 진정한 변화는 실행 없는 결심으로는 불가능

대부분의 경영자는 "지금은 그럴 수 없다"거나 "당장은 무리다"라는 반응을 보인다. 그 마음을 이해하지 못하는 것은 아니지만, 기업이 한 단계 성장하려면 경영자 스스로 기존에 일하는 방식을 내려놓는 용기와 결단이 반드시 필요하다.

결국, 지금까지의 방식에서 벗어날 수 없다는 사고방식 자체가 20억 원의 벽을 넘지 못하게 하는 원인이 된다.

⁙ 사장의 역할과 구조의 전환

기업이 성장할수록 사장이 해야 하는 일은 바뀌게 된다. 즉, "사장이 더는 현장에 나가지 않는다 = 고객을 직접 상대하지 않는다 = 사원들만으로도 일을 수주하고 운영할 수 있어야 한다"라는 구조를 만들어야 한다. 그 구조를 "비즈니스 모델" 혹은 "설계도"라 부른다. 이론은 간단하지만, 이를 실제로 행동에 옮기기란 매우 어렵다.

그러나 이 고비를 넘기지 못하면 100억 원의 세계는 절대 보이지 않는다. 100억 원 기업의 비즈니스 모델을 만드는 것에 진심으로 동의하고, 더는 현장에 나가지 않기로, 결정하는 순간부터 사장의 일은 변하게 된다. 사장의 일이 변하면 기업의 모습도 본질적으로 변화하게 된다. 회사 이름은 그대로지만 설계도는 완전히 바뀌고, 내용물은 전혀 다른 조직이 된다.

그 이후에는 연 매출 100억 원의 길을 향해 속도를 내기 시작한다.

⁙ 1인극에서 극단으로: 경영자 역할의 비유

최근 "설계도 발상"과 "비즈니스 모델"과 관련하여 자주 드는 비유가 있다. 나에게 상담하러 오는 경영자들에게 나는 이렇게 말한다.

"10억 원대까지는 1인극이다. 어떤 연기를 할지는 사장이 스스로 정하고, 무대에 서서 처음부터 끝까지 혼자 연기한다. 대사를 바꾸고 애드리브를 넣는 것도 자유롭습니다. 고객의 박수갈채도 사장이 직접 받습니다. 그것은 대단히 기분 좋은 일이다."

하지만 100억 원 기업은 극단이다. 배우들이 소속되어 있고 무대 뒤에서 지원하는 스태프(staff)[2]도 있다. 하지만 이들은 연기가 능숙하지 않다. 이해도 느리고, 스스로 대사를 쓸 수 없다.

그래서 당신이 대본을 쓰고, 연습을 시키고, 각자의 역할을 정리해 줘야 한다. 작품 전체상을 파악하면서도 개인의 역할을 분담하는 구조는 기업 경영과 똑같다.

이때 경영자인 당신은 연출가이자 극작가가 된다. 무대에는 직접 서지 못하고, 모든 것이 마음대로 되지도 않는다. 배우가 성장하면 기업을 떠날 수도 있다. 고객이 기대하는 것은 '당신의 퍼포먼스'가 아니라 '극단 전체의 공연'이다.

▶ 핵심포인트
- 10억 원대 기업은 사장이 주도하는 '1인극' 구조이다.
- 100억 원 기업은 사장이 연출하고 배우들이 운영하는 '극단 시스템' 이다.
- 고객은 사장이 아닌 '전체 조직의 공연'을 평가한다.

✸✸ 극단 사계 모델과 경영자의 최종 전환

이제 기업이 더 커지면, 일본의 「극단 사계[3]」와 같은 모습이 된다.

---

[2] 영화 · 연극 · 방송 등에서 배우나 연기자 외의 제작진. 감독 · 음악 · 촬영 · 조명 따위를 맡은 사람.
[3] 일본 극단. 1953년 설립되어 뮤지컬, 연극 등을 공연하며 2007년 전용극장 8개, 연간

연일 34개의 극장에서 동시다발적으로 공연이 이루어지고, 반년에서 1년 이상 장기 공연이 계속된다. 이런 상황에서는 연출가도 모든 무대를 다 볼 수 없다. 각 무대에는 더블캐스트(double cast, 같은 역할에 23명의 배우가 번갈아 출연)가 존재한다.

관객은 특정 배우가 아니라 '캣츠', '라이온킹' 같은 작품 자체를 보러 온다. 극단 사계의 아사리 케이타[4]는 극작가이기도 하지만, 전체의 프로듀서 역할을 한다.

요컨대 기업이 성장하는 스토리(story)에 따라 사장의 역할은 끊임없이 바뀐다. 주연 배우에서 극작가, 나아가 종합 프로듀서로의 전환이다. 이름뿐만 아니라, 행동과 책임, 사고방식 모두가 바뀌는 것이다.

▶ 핵심포인트
- 기업이 커질수록 사장은 '무대의 주연'이 아니라 '전체를 지휘하는 프로듀서'로 역할이 전환된다.
- 고객은 '배우'가 아닌 '작품'(조직 전체의 성과와 시스템)을 보고 감동한다.
- 사장은 작품을 만들고, 무대를 설계하며, 성장하는 기업의 방향과 구조를 프로듀싱해야 한다.

3,000회 이상의 공연 등을 하고 있는 일본의 대표적 극단 사업체이다.
[4] 아사리 케이타(浅利慶太, 1933-2018)는 일본의 연출가이자 극단 시키(劇団四季)의 설립자이다.

2

확실한 성공 사례를 벤치마킹하자.

⚫⚫ 비즈니스 설계도 = 경영시스템

자! 극단을 예로 들어 100억 원 기업을 경영하는 것이 어떤 것인지 이야기했다. 이제 여기서 다시 '설계도'라는 개념으로 되돌아가겠다.

많은 경영자들이 100억 원 기업으로 나아가는 길을 걸어왔다. 그 길은 기업마다 차이가 있지만, 큰 틀에서 보면 상당히 유사한 점이 많다. 그리고 그들이 만들어 낸 100억 원 기업을 움직이기 위한 경영 시스템 역시 많은 공통점을 가지고 있다.

말하자면, 10억 원대 기업의 경영자인 당신에게 있어서 목표는 이미 명확하게 정해져 있다는 뜻이다. '설계도'란 바로 그 경영 시스템을 의미한다.

▶ 핵심포인트
- 100억 원 기업을 만든 선배 경영자들의 길에는 공통된 '성장 설계도' 가 존재한다.
- 10억 원대 기업의 사장은 이 설계도를 참고하여 자신만의 시스템을 구체화해야 한다.

⚫⚫ 비즈니스 설계도의 기본형은 존재한다.

이제 100억 원 기업이 어떠한 형태를 갖추고 있는지에 대한 그림은 분명해졌다. 20억 원의 벽을 넘어 100억 원 기업으로 한 단계씩 올라간 경영자들이 무엇을 고민하고, 어디에서 길을 잃으며, 또 어떤 이유로 정체되었는가? 하는 과정을 아는 것이 중요하다.

설계도에는 이미 기본형이 존재한다. 어떤 성공한 사람의 뒤를 따르고자 한다면, 선구자들의 성공 경험을 모방하면 된다. 물론 모든 일을 성공으로 이끌기 위해서는 시행착오를 겪기 마련이다.

하지만 100억 원 기업의 설계도가 있다면, 실패의 가능성은 줄어들고(물론 실패 확률이 '0%'라고 할 수 없지만), 보다 원활하고, 보다 효율적으로 성공을 향해 나아갈 수 있다.

▶ 핵심포인트
- 100억 원 기업의 설계도를 참고하면 시행착오를 줄이고 보다 효율적인 성장이 가능하다.
- 선배 경영자들의 고민과 실패 지점을 학습함으로써 정체 구간을 미리 대비할 수 있다.

자사의 가치를 만들자

여기서 말하는 모방이란, 진짜를 흉내 낸 가짜를 뜻하지 않는다. 기업 경영은 결코 쉬운 일이 아니며, 각 기업의 사정에 맞는 마케팅 전략 등을 고민하고 실행하지 않으면 제대로 작동하지 않는다.

그대로 베껴서 곧장 적용하는 것만으로는 충분하지 않다. 흉내를 내는 가운데서도 자신만의 가치를 창출해야 한다. 정확히 말하면, 성장해 가는 회사는 자연스럽게 자신만의 고유한 가치를 가지게 된다.

앞으로도 계속 주장할 '일점 돌파5)', '경영자가 될 것'이라는 콘셉트는 자사만이 제공할 수 있는 가치를 만들어 내기 위한 데 필수 불가결인 단계

---

5) 하나에서부터 모든 분야로 넓혀갈 수 있다"는 뜻을 가진 이 단어는 한 가지만 확실히 해결하면 다른 문제들의 해결이 가능해진다는 의미를 내포하고 있다. 그래서 일본에서는 주로 약자의 역전전략을 설명할 때 '일점 돌파'를 논거로 사용한다.

다.

▶ 핵심포인트

- 모방은 단순한 복제가 아니라, 자사만의 방식으로 해석하고 적용하여 고유한 가치를 창출하는 과정이다.
- 성공한 기업의 전략을 참고하되, 자사의 현실과 조건에 맞춰 재구성하는 것이 중요하다.
- '일점 돌파'는 핵심 강점을 기반으로 전면 확장하는 전략으로, 자사만의 독자성을 형성하는 출발점이 된다.

3

마케팅과 매니지먼트로 성장을 설계하자.

⣿ 시스템 설계가 핵심이다.

▶ 마케팅과 매니지먼트의 통합이 핵심이다.

여기서 말하는 '시스템'이란 경영 구조를 말한다. 100억 원 기업을 만들기 위해 가장 본질적인 요소는 '사람의 문제', 즉 인사관리와 채용, 고용 등 매니지먼트 영역의 과제다. 기업의 성장은 단지 상품이 잘 팔리는 것만으로 이루어지지 않는다. 사람을 어떻게 관리하고 운영하느냐가 결정적 요소다.

기업이 실적 상승만을 목표로 할 경우, 마케팅 중심의 단기 전략에 치우치게 된다. 하지만 일정 규모에 도달한 후에는 매니지먼트가 본격적인 과제로 부상한다.

▶ 비즈니스 모델의 설계

기업의 중장기 성장을 위해서는 '마케팅 + 매니지먼트'가 통합된 경영 시스템, 즉 비즈니스 모델을 설계해야 한다. 이 작업을 우리는 '시스템 설계' 또는 '설계도 작성'이라고 부른다.

마케팅만으로는 20억 원대까지의 성장은 가능하지만, 그 이상은 어렵다. 진정한 기업으로 도약하려면 경영 전반을 조망하고, 마케팅과 매니지먼트의 균형을 맞춘 통합 구조를 만들어야 한다.

전체 시스템을 구조화하고 시각화할 수 있어야 100억 원 기업으로 길이 열린다. 이는 경영자가 반드시 넘어야 할 가장 큰 분기점이다.

경영자는 연출가이자 극작가이다.

▶ 사장은 목표를 명확하게 설정한다.

100억 원 기업을 움직이는 주체는 단지 경영자만이 아니다. 사원과 관리자들이 각자의 역할을 맡아 실제로 조직을 이끌어 간다. 사원은 연극 무대의 배우처럼 기업 운영의 전면에서 활약하지만, 전체 경영의 구조와 목적을 설계할 능력은 부족하다.

따라서 사장은 기업의 목표와 그것에 이르는 단계를 명확하게 설정하고, 이를 구성원들에게 알기 쉽게 제시해야 한다. 즉, 사장은 '주연 배우'에서 '연출가', 더 나아가 '극작가'로 전환되어야 한다.

▶ 사장은 단계를 명확하게 제시한다.

경영자가 목표와 단계를 명확히 제시하고 공유하면, 구성원들도 각자의 행동을 연극 무대의 배우처럼 전체 맥락 속에서 이해하고 움직일 수 있게 된다. 단기성과나 국지적인 문제 해결에 그치지 않고, 전체 최적화를 추구하는 사고방식으로 전환되는 것이다. 단순한 지시와 감시 없이도 사원들이 자발적으로 방향성에 맞춰 행동하게 된다.

▶ 목표를 공유하는 조직이어야 한다.

조직 구성원들이 경영 목표를 명확히 이해하고 공유하게 되면, 기업은 하나의 유기체처럼 움직인다. 불필요한 혼란과 중복 업무는 사라지고, 각자는 자신의 역할에 집중할 수 있다. 명확한 방향성이 설정되면 경영자가 일일이 간섭하지 않아도 조직은 자율적으로 운영된다. 이것이 바로 성장하는 기업의 조직 역량이며, 100억 원 기업이 되기 위한 핵심 요건이다.

Chapter
3
무엇이 도약 설계도인가.

1. 도약의 핵심은 비즈니스 모델 설계도이다.
2. 100억 원 기업으로 도약하는 설계도를 제 시한다.
3. 도약을 위한 마케팅과 매니지먼트 체계로 전환한다.

1

도약의 핵심은 비즈니스 모델 설계도이다.

10억 원대 기업이 100억 원 기업으로 도약하기 위해서는 단순한 노력이나 성과 중심의 개선만으로는 부족하다. 성장을 가로막는 본질적인 운영 형태를 넘기 위해서는 도약의 핵심은 「구조 전환, 실행 가속, 전략 정렬」에 관한 도약의 설계이다.

●● 첫째, 구조의 전환이다.

10억 원대 기업의 대부분은 사장이 직접 영업, 업무 수행, 결정까지 모든 것을 주도하는 구조로 되어 있다. 하지만 이러한 구조로는 조직의 한계를 뛰어넘기 어렵다. 사장의 역할은 더 이상 실행자가 아닌 '전체 구조를 설계하는 지휘자'로 전환되어야 한다.

조직도 마찬가지다. 사장 1인의 역량이 아닌, 분업과 협업, 시스템 중심의 조직 구조로 재편되어야 한다. KPI[6] 기반의 평가체계, 업무 매뉴얼, 반복 가능한 프로세스가 필수 요소로 자리잡아야 한다.

●● 둘째, 실행의 가속화이다.

급변하는 시장에서 빠르게 대응하기 위해서는, 사람이 뛰는 방식이 아니라 시스템이 반복하는 방식으로 전환되어야 한다. 이를 위해 인재를 선제적으로 채용하고, 표준화된 교육과정과 실행 매뉴얼을 정비하며, 마케팅 자동화와 고객 관리 시스템을 도입하는 것이 중요하다.

---

[6] KPI는 Key Performance Indicator의 약자로, 핵심 성과 지표를 의미한다. 조직이나 개인의 목표 달성 정도를 객관적으로 측정하고 평가하는 지표이다.

즉, 사업이 커질수록 속도를 잃는 것이 아니라, 오히려 더 빨라질 수 있는 구조적 준비가 되어 있어야 한다. 실행이 단발성으로 끝나는 것이 아니라, 축적되고 확장되는 방식으로 설계되어야 한다.

⚎ 셋째, 전략의 정렬이다.

10억 원대 기업이 100억 원 기업으로 도약하기 위해서는 단순한 성장 이상의 전략의 정렬(Strategic Alignment)이 필수이다. 전략의 정렬은 조직의 모든 자원과 활동이 경영자의 비전과 목표에 일치되도록 맞추는 과정이다.

특히, 경영 비전과 조직 전체의 방향 정렬이 중요하다. 도약기의 기업에서 가장 먼저 정렬되어야 할 것은 '방향'이다.

경영자가 어떤 시장을 지향하고, 어떤 고객을 대상으로 어떤 가치를 제공할지를 명확히 설정해야 하며, 이 방향은 단순한 슬로건이 아니라 전사전략과 부서 운영계획, 사원 행동지침까지 연결되는 지향점이어야 한다.

- 경영자의 전략적 의도가 사내 회의, 교육, 문서 등으로 명확히 전달되어야 한다.
- 이를 기반으로 각 부서의 전략과 사업계획이 수립되어야 하며,
- "우리는 어디로 가는가?"에 대한 공감과 납득이 구성원 전체에 확산되어야 한다.

2

100억 원 기업으로 도약하는 설계도를 제시한다.

❖❖ 10억 원대 기업의 도약 설계도

10억 원대 기업이 100억 원 기업으로 도약하기 위해서는 단순한 매출 확대를 넘어서, 마케팅 설계와 매니지먼트 설계를 포함한 비즈니스 모델의 설계가 필수이다. 마케팅 설계도와 매니지먼트 설계도 항목은 다음과 같이 구성한다.

《 10억 원 기업의 도약 설계도 》

마케팅 설계도	매니지먼트 설계도
(1) 상품 만들기	(1) 채용 기준 확립
(2) 매장 만들기	(2) 교육지원 수립
(3) 고객 확보	(3) 평가 체계 확립
(4) 영업 수행	(4) 보상 체계 확립
(5) 업무 실행	(5) 관리 체계 수립
(6) 사후관리 처리	(6) 경영이념 정립

100억 원 기업으로 도약하기 위한 설계도를 보자. 처음 접했을 때는 단순한 도표처럼 보일 수도 있고, 어떤 경영자는 "어디선가 본 것 같다"라고 느낄 수도 있다.

실제로 이 설계도를 구성하는 각각의 항목들은 특별히 새로운 것은 아니다. 기업의 경영관리를 공부해 온 사람이라면, 마케팅과 매니지먼트 설계도 항목을 접해봤을 것이다.

그러나 중요한 점은 이 익숙한 항목들을 하나의 일관된 구조 안에서 유기적으로 정리하고 완성된 시스템으로 설계할 수 있는 사람은 매우 드물다. 개별 항목에 대해 지식과 도구를 실제 경영 현장에서 유기적으로 연결하여 작동하게 만드는 것이 바로 경영 설계의 본질이며, 도약의 핵심이다.

어떤 이는 이 설계도를 보고 "이렇게 해야 할 것이 많아?"라며 놀랄 수도 있다. 그러나 이 구조는 100억 원 기업으로 성장하기 위해 반드시 갖추어야 할 최소한의 기본 시스템이다.

단순히 열심히 일하는 것을 넘어, 체계적으로 성장하는 데 필요한 요소들을 빠짐없이 갖춘, 성장의 뼈대이자 지도라 할 수 있다.

●● 10억 원대 기업과 100억 원 기업의 차이

10억 원대 기업과 100억 원 기업의 차이는, 100억 원 기업의 비즈니스 모델 설계도를 보면 명확하게 드러난다.

10억 원대 규모의 기업은 최소한의 구성 요소로 운영되고, 100억 원 규모에 이르는 기업은 핵심적이고 필수적인 구성 요소로 바뀐다. 같은 항목이라 하더라도 그 비중과 중요도가 전혀 달라지는 것이다.

이 설계도는 업무 매뉴얼이 아니라, 기업이 단계적으로 성장하기 위해 반드시 갖추어야 할 전략적 경영설계도이다.

도약을 위한 마케팅과 매니지먼트 체계로 전환한다.

∷ 마케팅 체계의 전환

10억 원대 기업이 100억 원 기업으로 도약하기 위해서는 단순히 매출만을 늘리는 차원을 넘어, 기업의 전반적인 마케팅 체계 전환이 필요하다. 특히 마케팅의 핵심 축이라 할 수 있는 상품, 매장, 고객, 영업, 실행, 사후관리 등 모든 영역에서 전환(구조의 변화), 가속(속도의 향상), 정렬(방향의 일치)이라는 세 가지 경영 관점을 유기적으로 반영해야 한다.

마케팅 전 과정을 아우르는 통합적 사고와 구조적 설계가 요구된다.

마케팅 비즈니스 모델 설계도

(1) 상품 만들기
(2) 매장 만들기
(3) 고객 확보
(4) 영업 수행
(5) 업무 실행
(6) 사후관리 처리

각 영역의 실행 방식은 서로 분리된 기능처럼 보이지만, 실상은 기업의 전략 방향 아래 서로 연결되고, 영향을 주고받는 순환 구조를 형성해야 한다.

⬢⬢ 매니지먼트 체계의 전환

10억 원대 기업이 100억 원대로 도약하기 위해서는 단순한 매출 확대를 넘어서는 경영 시스템의 전환이 필요하다. 특히 채용, 교육, 평가, 보상, 관리, 경영이념 등 핵심 매니지먼트 영역에서 전환(구조 변화), 가속(속도 향상), 정렬(방향 일치)이 동시에 이루어져야 한다.

'전환'은 사장 중심의 경험적 운영에서 벗어나, 기준과 프로세스 중심의 체계적인 시스템 경영으로 전환하는 것이다. '가속'은 각 제도가 빠르고 반복 가능하게 작동되도록 실행력을 높이는 체계화를 의미한다. '정렬'은 모든 매니지먼트 활동이 경영자의 비전과 기업 전략에 일관되게 연결되도록 하는 것이다.

> ### 매니지먼트 비즈니스 모델 설계도
> (1) 채용 기준 확립
> (2) 교육지원 수립
> (3) 평가 체계 확립
> (4) 보상 체계 확립
> (5) 관리 체계 수립
> (6) 경영이념 정립

이를 위하여 매니지먼트 관리를 사장 1인의 역량에 의존하지 않고 시스템 경영 체계로 전환하여야 성장할 수 있으며, 비로소 100억 원 기업으로의 도약이 현실화된다.

PART
2

100억 원 기업으로 가는
병목점

Chapter
1
10억 원대 기업의 한계

1. 성장 한계의 구조적 원인은 무엇인가.

2. 성장 한계의 원인은 내부에 있다.

3. 성장 한계는 시스템 재설계로 돌파한다.

1

성장 한계의 구조적 원인은 무엇인가.

🔆 사장 중심의 경영 구조: '1인극'의 한계

10억 원대 기업의 가장 뚜렷한 특징은 사장 개인에 대한 의존도가 매우 높다는 점이다.

사업의 성패는 사장의 판단, 영업력, 인맥, 실행력에 달려 있으며, 조직은 이를 보조하는 형태에 그친다. 이러한 구조에서는 사장의 건강이나 의사결정 속도, 휴가 여부 등 개인적 변수에 따라 회사 전체의 움직임이 영향을 받는다.

사장의 역량이 곧 기업의 한계가 되는 구조로, 다음과 같은 문제가 나타난다.

- 사장이 없으면 영업·운영이 정지됨
- 사장의 인맥 기반으로만 고객 관리가 이루어짐
- 사장의 직접 판단이 없이는 주요 결정이 이뤄지지 않음

이는 단기간의 효율성은 높일 수 있지만, 구조적으로 확장성과 지속 가능성에 큰 제약이 된다.

🔆 불완전한 조직 운영: '사람에 의존하는 경영'

10억 원대 기업은 보통 초기 창업자의 역량과 열정으로 빠르게 성장한 경우가 많다. 그러나 조직이 커지는 시점에서도 여전히 사람 중심의 운영 방식에 머물러 있다. 문서화된 시스템, 메뉴얼, 기준 없이 암묵지에 의존하고, 사장과 소수 핵심인력만이 일을 '제대로' 할 수 있는 구조다.

- 권한 위임이 부재하고, 결정은 모두 사장이 내림
- 역할과 책임(R&R)이 명확하지 않아, 사원이 만능형으로 일함
- 교육체계 없이 숙련자의 눈치로 일 배우기
- 프로세스보다 '감'과 '경험' 중심의 운영

이러한 방식은 조직의 복잡도가 증가함에 따라 업무 혼선과 품질 저하를 유발하고, 직원의 성장이 정체되며 이직률 또한 높아질 수 있다.

❖❖ 성장 정체의 구조적 임계점: 확장 불가능한 방식

10억 원대 기업은 인원과 고객이 늘어날수록 기존 방식이 더 이상 작동하지 않는 구조적 한계에 도달하게 된다. 특히 매출 증가가 오히려 부담으로 작용하기 시작하며, 다음 단계로 도약하기 위해, 필요한 '경영 시스템의 구조화'가 되어 있지 않다.

- 매출은 늘지만, 이익은 줄어드는 현상
- 채용은 했지만, 성과가 나지 않거나 조직에 혼란이 발생
- 마케팅을 강화했지만, 고객 응대 체계와 수금 시스템이 부실
- 사장이 모든 결정을 하다 보니 의사결정 병목 현상이 발생

이러한 임계점을 넘어서기 위해서는 단순한 인원 확충이나 외형 성장만이 아닌, 기업의 운영 방식 전반에 대한 근본적 혁신이 필요하다. 시스템 중심의 경영, 분권적 의사결정 구조, 표준화된 업무 프로세스가 뒷받침되지 않으면 100억 원 기업으로의 도약은 불가능하다.

이처럼 10억 원대 기업의 한계는 단순히 자원의 부족이 아닌, 구조적 문제에서 기인한다. 성장의 관점에서 보면 이 시기는 '체계 없는 성장'에서 '시스템 기반 성장'으로 전환해야 하는 결정적 전환점이다.

2

성장 한계의 원인은 내부에 있다.

◍◍ 성장 정체의 원인은 외부가 아니라 내부에 있다.

기업 성장이 멈췄을 때, 흔히 경영자는 외부 환경 탓을 하거나 시장, 인재, 경쟁의 문제로 돌리기 쉽다. 하지만 진짜 문제는 외부에 있는 것이 아니라 내부 시스템의 부재와 경영 구조의 비효율에서 비롯된다.

업무 프로세스가 사람에게 의존되고, 명확한 역할 분담이 없으며, 조직 운영이 감각과 경험에만 기댄다면, 이는 결국 성장 한계에 도달하게 된다.

이 모든 문제는 경영자의 판단 방식과 역할 구조에 직접적으로 연결되어 있으며, 이를 인식하지 못하면 변화의 기회는 사라진다.

▶ 핵심 자각: "문제는 외부가 아니라 내 안에 있다."

◍◍ 경영자 자신이 '성장의 병목'이 되고 있지는 않은가.

10억 원대 기업에서 가장 흔한 성장 장애 요인은 '경영자의 과도한 개입' 이다. 많은 경영자들이 "내가 직접 해야 일이 된다."라고 믿고, 현장 · 의사 결정 · 영업 · 채용까지 모든 실무를 쥐고 있는 경우가 많다. 그러나 이러한 구조는 단기성과에는 유리하더라도, 장기적 확장에는 분명한 병목이 된다.

- "내가 너무 많은 것을 쥐고 있다."
- "내가 없으면 조직이 안 돌아간다."
- "내가 성장의 걸림돌일지도 모른다."

이런 자기 성찰이 없다면, 아무리 마케팅을 강화하고 인재를 채용해도 조직은 동일한 자리에서 제자리걸음을 반복하게 된다.

▶ 핵심 질문: "나는 진짜 '성장을 만드는 경영자'인가?"

✦✦ 변화가 아닌 '변혁'을 위한 인식 전환이 필요하다.

10억 원대 기업이 100억 원대 기업으로 도약하기 위해서는 기존 방식의 연장선이 아니라, 전혀 다른 차원의 비즈니스 모델과 조직 설계의 재구성이 필요하다.

이 단계의 기업은 더 이상 '근성'이나 '노력'만으로 성장할 수 없다. 필요한 것은 구상 → 구조화 → 실행설계로 이어지는 전환 전략이다.

'작은 컵'에는 '많은 물'을 담을 수 없다.

기존의 운영 방식에 작은 수정을 가하는 것으로는 성장 한계를 극복할 수 없다.

'변화'의 개념이 아니라, 경영 시스템 자체를 재설계하는 '변혁'의 개념으로 접근해야 한다.

▶ 핵심 전략: "이제는 땀이 아니라 설계도로 승부해야 한다."

이러한 세 가지 인식 전환은 10억 원대 기업의 경영자가 '현장 전사'에서 '설계자'로 역할을 재정의하는 출발점이 됩니다. 성장은 선택이 아니라 구조의 문제이며, 구조의 시작은 경영자의 사고방식에서 비롯됩니다.

3

성장 한계는 시스템 재설계로 돌파한다.

●● 도약하는 조직으로 재설계가 필요하다.

10억 원대 기업이 100억 원 기업으로 도약하기 위해서는 단순히 매출을 늘리거나 성과를 조금 끌어올리는 방식으로는 부족하다. 진정한 도약은 기업 전체의 구조와 역할 분담을 근본부터 다시 설계하는 데서 시작된다. 이 것은 단층 건물을 헐고 고층 빌딩을 세우기 위해 기초부터 다시 다지는 작업에 비유할 수 있다.

이러한 전환에는 조직의 기능과 프로세스를 다시 짜는 구체적인 설계가 필요하다. 단순한 인원 충원이나 일시적인 캠페인으로는 해결되지 않으며, 기업 시스템의 뼈대 자체를 바꾸어야 한다. 즉, '조직'으로 작동하는 시스템을 만드는 것이 핵심이다.

●● 도약을 가능케 하는 조직의 핵심 요소

기업이 새로운 경영 구조로 전환되기 위해서는 다음과 같은 요소들이 반드시 포함되어야 한다.

- 사장이 없어도 운영 가능한 영업 및 마케팅 시스템
- 개인이 아니라 조직이 고객을 유입하고 관리하는 체계
- 누구나 반복 가능하고, 대체 가능한 업무 프로세스
- 성과에 따라 권한을 위임하고 책임을 명확히 하는 구조
- 역할별 업무 매뉴얼과 평가 기준의 구체화 및 명문화

이런 요소들이 마련되어야만 사장은 '현장형 인물'이 아닌, 조직을 이끄

는 설계자이자 지휘자로서의 본래 역할에 집중할 수 있다. 그렇지 않으면 조직은 언제나 사장 개인의 역량에 의존하게 되고, 확장은 멈추며 10억 원대의 매출 수준에서 정체되거나 반복되는 문제에 갇히게 된다.

결국, 100억 원 기업으로의 도약은 매출 확대가 아니라 기업의 틀을 새롭게 짜는 설계의 전환에서 시작된다.

Chapter
2
마케팅의 한계

1. 사장의 현장 영업에는 한계가 있다.

2. 사장의 인맥에 의한 고객의 한계

3. 사장이 모든 것을 다하는 영업구조의 한계

1

사장의 현장 영업에는 한계가 있다.

●● 사장의 영업력에 의존하면 성장이 멈춘다.

창업 이후 비교적 순조롭게 성장한 10억 원대 기업들의 공통된 성공 요인은 두 가지로 정리할 수 있다.

첫째는 '상품력'이다. 제품 자체에 일정 수준의 품질이 담보되지 않으면 장사 자체가 성립되지 않기 때문이다. 물론 자사에서 직접 제조하는 기업은 예외지만, 대부분의 중소기업은 자체 상품 개발 없이 외부 제품을 유통하거나, 자재를 조달해 조립·시공하는 방식이 많다. 이 경우 상품의 품질은 대체로 무난한 수준이며, 상품력 자체로는 경쟁사 대비 큰 차별화를 이루기 어렵다.

둘째는 '영업력'이다. 많은 기업이 사장의 강력한 영업 능력에 의존해 신용과 거래 실적을 쌓아왔다. 그러나 이 구조에는 결정적인 한계가 있다. 대부분은 우수한 영업사원은 단 한 명뿐이며, 그가 바로 사장 자신이다.

사장이 더욱 영업에 집중하면 회사가 더 성장할 것이라 믿지만, 실제로는 그 믿음이 기업의 성장을 가로막는 병목이 된다. 100억 원 기업의 설계도에는 '사장이 직접 영업한다.'라는 것은 없다. 오히려 사장이 영업에서 손을 떼는 것이 기업 도약의 출발점이다.

●● 사장의 현장 영업은 문제가 발생한다.

현실적으로 아무리 유능한 영업사원이라도 업종에 따라 연간 매출 10억 원 전후가 한계이다. 이를 근거로 "2명은 30억, 5명은 100억"이라는 단순한 확대 계산을 적용하는 경우가 있으나, 실제로 사장과 같은 실적을 내는 영업사원은 드물다. 대개는 사장의 30% 수준의 실적을 내며, 그것도 결코 쉬운 일이 아니다.

실제 사례를 보면, 영업사원이 여럿 있어도 전체 매출의 70~80%를 사장이 담당하는 경우가 많다. 나머지 영업사원 세 명의 매출 기여율은 30%를 넘지 못하고, 1인당 평균 기여율은 10%에도 미치지 못하는 경우도 많다.

이는 영업사원의 능력 문제가 아니라, 영업 시스템이 부재한 구조 때문이다. 고객 리스트, 상품 정보, 제안 방식, 계약 기준 등 최소한의 기반 없이, 사장이 하던 방식 그대로 '명함 하나 들고 현장에 나가는' 무계획적 영업을 반복하게 된다.

이런 구조에서는 인원만 늘린다고 매출이 확대되기는커녕, 사장 1인의 역량에만 의존하는 불안정한 체질이 고착화 된다. 결국 사장이 끊임없이 현장을 누비며 매출을 책임지는 '조업식 경영[7]'에 갇히고, 기업은 자전거 페달을 멈추면 멈춰버리는 구조로 전락하게 된다.

🔸 사장의 역할 전환: 영업자가 아닌 구조 설계자로

10억 원대 기업이 100억 원 기업으로 도약하기 위한 핵심은 '사장이 직접 뛰지 않아도 매출이 일어나는 구조'를 만드는 데 있다. 이 구조가 마련되어야 비로소 기업은 규모의 확대, 성장 속도, 지속 가능성이라는 세 가지 요건을 충족할 수 있다.

사장이 현장에서 물러나는 것은 단순한 휴식이 아니라, 기업 전체를 설계하는 데 집중할 수 있는 시간을 확보하기 위한 전략적 조치다.

---

[7] '조업식 경영(操業式 經營)'이란, 사장 또는 핵심 인력이 현장을 직접 뛰며 매출을 만들어내야만 기업이 돌아가는 구조를 말한다. 마치 기계의 스위치를 켜야만 돌아가고, 끄면 멈추는 것처럼, 사장이 현장에서 '조업(操業)'을 해야만 매출이 발생하고, 경영이 유지되는 상태를 의미한다.

사장의 영업 능력의 30% 정도를 갖춘 사원들이 시스템 안에서 유기적으로 움직인다면, 사장이 직접 뛰던 때보다 더 큰 성과를 낼 수 있다. 이때부터 사장은 '직접 매출을 만드는 사람'이 아니라 '매출이 구조적으로 만들어지도록 설계하는 사람', 즉 경영 설계자로 역할을 재정립해야 한다.

이러한 역할 전환이 이루어져야만 진정한 경영자로 거듭날 수 있으며, 기업은 비로소 자생적으로 성장하는 구조로 전환된다. 결국 100억 원 기업을 실현하는 핵심 역량은 사장의 손발이 아닌, 구조를 설계하는 머리에서 비롯된다.

2

사장의 인맥에 의한 고객의 한계

●● 10억 원 기업의 고객 구조

10억 원대 기업의 고객 구조는 대부분 사장 개인의 인맥을 기반으로 형성되어 있다. 직접 알거나 소개받은 고객들이 중심이며, 이들은 사장을 중심으로 유지되는 관계다. 이러한 인맥 중심의 고객 기반은 초기에는 영업 비용이 적고 관계 유지가 쉬운 장점이 있다. 하지만 일정 규모를 넘어서면 구조적으로 치명적인 병목을 초래한다.

고객이 "사장이 직접 담당하지 않으면 불안하다"라는 인식을 갖게 되면, 기업은 필연적으로 사장 의존형 구조에 갇힌다. 시간이 지날수록 고객 수가 늘어나고 요구가 다양해짐에 따라 사장은 과중한 업무 부담에 직면하게 되고, 기업의 성장 여력은 급격히 떨어지게 된다. 결과적으로 사장의 현장 중심 활동은 기업 확장의 가장 큰 장애물이 된다.

●● 고객 인계의 현실적 한계와 악순환 구조

사장이 고객을 직접 관리하는 방식에서 벗어나기 위해 고객을 영업사원에게 인계하려는 시도가 이루어지지만, 이는 실질적으로 잘 작동하지 않는다. 두 가지 근본적인 이유가 있다.

첫째, 고객이 상품 그 자체보다 사장 개인과의 관계를 더 중시하는 경향이 강해, 다른 사람으로의 대체를 꺼린다.

둘째, 영업사원의 경험 부족과 고객 이해도의 차이에 따라 초기 대응에 실패하고, 불만과 클레임이 발생한다. 결국 문제 해결을 위해 사장이 다시 전면에 나서게 되면서, 다시 원점으로 되돌아가는 악순환이 반복된다.

이러한 구조가 반복되면 기업은 더 이상 확장할 수 없고, 10억 원대의 한계를 넘지 못한 채 정체된다. 사장이 직접 뛰는 방식은 초기에는 유효했을지 모르지만, 일정 규모 이상에서는 오히려 경영의 발목을 잡는 요인이 된다.

✿✿ 100억 원 기업의 전환은 사장의 '현장 은퇴'

100억 원 기업으로 도약하려면, 사장의 손에서 영업 활동을 분리해야 한다. 이 시점의 기업은 사장 개인과 무관하게 유입된 고객들이 존재하고, 이들을 사원들이 처음부터 끝까지 책임지고 관리하는 구조를 갖춰야 한다. 고객 확보부터 유지, 만족에 이르기까지의 전 과정을 시스템화해야 하며, 영업은 조직 전체의 힘으로 수행되어야 한다.

이러한 구조로 전환하는 과정에서는 기존 고객 중 일부의 이탈, 관계 재설정 등의 리스크가 따를 수 있다. 하지만 이러한 변화는 회피할 수 없는 '성장의 통과의례'이다. 사장은 이제 현장을 직접 누비는 플레이어가 아니라 시스템을 설계하고 조직을 지휘하는 총감독자(디렉터)로서의 역할을 수행해야 한다.

결국, 사장이 '현장에서 은퇴'를 결심하는 것이야말로 기업이 100억 원 규모로 도약하기 위한 진정한 출발점이다. 이는 경영자에게 요구되는 자질과 결단력을 시험받는 순간이며,

'사장이 직접 뛰는 구조'에서

'사장이 뛰지 않아도 돌아가는 구조'

로 전환해야 100억 원 기업의 핵심 영업 전략이자 진정한 경영의 출발이다.

3

사장이 모든 것을 다하는 영업구조의 한계

◈◈ 사장이 모든 것을 하는 구조의 위험성

사장이 현장에 있는 한 회사는 성장할 수 없다는 말은, 영업 측면에서 10억 원대 기업 구조의 본질을 드러낸다. 10억 원대까지는 슈퍼영업사원으로서의 사장이 모든 것을 주도하며 기업을 이끌어온 것이 사실이다.

하지만 이는 실상 우수한 개인 사업주 수준의 경영에 불과하며, 형식상으로는 회사라 해도, 실질적으로는 사장이 모든 업무를 주도하는 1인 기업에 가깝다.

- 상품 개발 및 기획
- 거래처 및 고객 확보
- 판매 및 납품
- 수금 및 반품, 클레임 처리 등 사후관리

사장이 상품 기획부터 판매, 수금까지 사장이 전부 담당하고 있으며, 그 과정에서 풍부한 경험과 네트워크, 아이디어를 활용해 문제를 해결해 왔다.

◈◈ 사장 의존 구조가 낳는 악순환

사장이 무엇이든 해낼 수 있기 때문에, 자연스럽게 사원에게 일을 위임하거나 무대를 내어주는 구조가 만들어지지 않는다.

사원 육성과 교육은 늘 뒷전으로 밀리고, "바빠서 어쩔 수 없다"라는 이유로 사장은 모든 실무를 계속 떠안는다. 이에 따라 다음과 같은 악순환이

고착화 된다.

- 사장이 없으면 일이 멈춘다.
- 사원은 의사결정 권한도, 책임도 없다.
- 성과는 사장 혼자만 만든다.
- 사장은 더 바빠지고, 시스템 설계는 뒷전이 된다.

이러한 구조는 회사가 일정 규모 이상으로 확장되지 못하게 막는 핵심 요인이다. 사장이 부재하더라도 기업이 정상적으로 운영될 수 있도록 구조와 시스템을 갖추는 일, 그것이 바로 본격적인 기업으로서의 출발선이다.

🎯 100억 원 기업을 위한 사장의 역할 재정립

100억 원 기업을 지향한다는 것은 곧 개인사업자 중심 구조와의 결별을 뜻한다.

사장이 현장을 벗어나고, 사원들이 자율적으로 각자의 역할을 수행하며 조직이 움직이는 구조를 갖춰야 한다. 이때부터 조직은 진정한 의미의 기업(Enterprise)이 된다.

비록 사원의 역량이 사장의 30% 수준에 불과하더라도, 역할 분담과 협업, 표준화된 업무 프로세스를 통해 조직 전체가 평균 이상의 성과를 낼수 있는 체계를 구축할 수 있다.

- 사장이 해야 할 역할도 이제 달라진다.
- 직접 실무를 담당하는 것이 아니라,
- 조직이 자율적으로 굴러가도록 구조를 설계하고,

각 부서와 사원이 자신의 책임과 권한을 가지고 움직일 수 있도록 시스템을 구축하는 일이다.

"무엇을 해야 이 조직이 사장 없이도 굴러갈 수 있을까?"를 고민하고, 그

해답을 매뉴얼·기준·체계로 구체화하는 것이야말로 사장의 핵심 과제다.

이 변화가 바로 100억 원 기업으로 가기 위한 첫걸음이다.

Chapter
3
매니지먼트의 한계

1. 사원의 채용에는 한계가 있다.

2. 사원 교육의 부재가 한계를 만든다.

3. 성과 중심 경영에서 기존 사원의 한계

1

사원의 채용에는 한계가 있다.

🔸 인재와 사원에 관한 과제

매출 10억 원대에서 성장이 멈추는 기업은 단순히 하나의 문제만 안고 있는 것이 아니다. 다양한 경영상 과제들이 서로 연결되어 있으며, 마케팅, 운영, 조직관리 등 여러 영역이 얽혀 있다. 그러나 이 중에서도 가장 중심이 되는 문제는 '사원'에 관한 문제다.

기업 규모가 작을 때는 사실상 개인 사업주의 연장선상에서 운영되므로 인사 문제가 크게 드러나지 않지만, 10억 원을 넘어서려는 시점부터는 조직 운영과 사원 문제, 특히 사원 채용과 관리의 어려움이 본격적으로 시작된다.

기업이 성장하면 사원 수도 늘어나게 되고, 그만큼 '사원'에 대한 문제는 지속적으로 발생하게 된다.

🔸 끝나지 않는 인재 채용의 고민

경영자 대부분이 공통적으로 겪는 고민 중 하나는 "좋은 인재를 어떻게 확보할 것인가"이다. 이는 단순한 희망 사항을 넘어 채용 현장에서 반복적으로 실패를 겪는 실질적인 문제다.

많은 기업이 암중모색의 상태에서 채용을 시도하고 있으며, 누구도 확실한 해법을 제시하지 못하는 상황이다. 실제로 많은 경영자들은 "제 오른팔이 되어 줄 인재를 뽑고 싶다"라는 요청을 하곤 하지만, 이는 복권 당첨과 같은 희박한 확률에 기대는 것과 다름없다.

현실적으로 그런 인재가 채용되기는 매우 어렵고, 대부분의 기업은 원하는 수준에 미치지 못하는 인재들 사이에서 고심하고 있다.

:: 인재 확보의 인식 전환

사장의 오른팔이 되어 줄 인재는 애초에 10억 원대 기업에 지원하지 않는다는 사실을 받아들여야 한다.

채용 시장에서 회사 역시 하나의 상품이며, 대기업에 비해 브랜드, 보상, 성장 가능성 등 모든 면에서 경쟁력이 낮은 중소기업은 매력도가 떨어질 수밖에 없다. 우수 인재가 지원했다고 해도 선택권은 그들 쪽에 있고, 기업이 그들을 고를 수 있는 상황은 거의 없다.

따라서 '오른팔 채용'이라는 전략 자체가 잘못된 전제에 기반하고 있다. 설령 취업난으로 인해 지원자가 몰린다 해도, 기업이 해야 할 일은 탁월한 한 사람을 찾는 것보다,

평균적인 인재가 제 역할을 할 수 있도록 구조를 만들고, 시스템으로 움직이는 조직을 설계하는 것이다. 다시 말해, '오른팔'이 없어도 100억 원 기업은 충분히 가능하다. 경영자는 이 점을 정확히 인식하고, 사람에 대한 전략을 근본적으로 재설계해야 한다.

2

사원 교육의 부재가 한계를 만든다.

⚫⚫ 즉시 전력이 되지 않는 인재의 현실

10억 원대 기업에서 사장이 아무리 좋은 인재를 뽑고 싶어 해도, 현실적으로 사장의 30% 수준만 되어도 훌륭하다고 여겨야 할 만큼 전력이 되는 인재는 드물다.

아무리 잠재력이 뛰어난 인재라 해도, 자사 업계의 특성, 문화, 일하는 방식 등을 알지 못한 상태에서는 실제 업무에 바로 투입되어 성과를 내기 어렵다. 즉, 원석 상태의 인재는 적절한 '가공' 과정을 거쳐야 한다.

이 가공 과정, 즉 교육과 훈련이 바로 기업의 책임이다. 입사 초기의 기본 교육뿐만 아니라, 장기적으로 업무 기술을 익히고 성장할 수 있도록 지속적인 교육 시스템을 갖추는 것이 필수적이다.

⚫⚫ 교육 부재가 만드는 조직의 악순환

그러나 많은 사장이 타인을 가르치는 일에는 익숙하지 않다. 자신이 과거에 제대로 된 교육을 받지 못했고, 눈치로 배워 현장을 돌파해 온 경험이 전부인 경우가 많기 때문이다.

이에 따라 사장은 교육의 필요성은 느끼지만, 어떻게 가르쳐야 할지를 알지 못한다. 그 결과, 사원 교육은 형식적으로 이루어지거나 아예 방치되는 경우가 흔하다.

단순한 사무처리 업무를 '교육'이라 이름 붙이거나, 교육을 다른 사원에게 넘겨버리고 '실전에서 익히라'는 식의 방침이 일반화된다. 이처럼 교육이 부실하면 사원은 성장하지 못하고, 사장은 "우리 회사는 왜 이렇게 사람이 안 크는가?"라고 되묻게 된다. 하지만 그 원인은 결국 교육 부재의 구조적 문제에 있다.

❖❖ 사장이 교육에 나서야 기업이 성장한다.

기업 내 최고의 인재는 사장이다. 그렇기에 사장이야말로 교육의 최종 책임자이자 가장 중요한 강사다. 사장은 단순히 사무 처리를 가르치는 것이 아니라, 자사의 이념, 비전, 마케팅 구조, 영업 전략 등 기업 운영의 핵심 원리를 직원에게 전해야 한다.

이는 규모와 무관하게 모든 기업에 적용되는 필수 과제다. 하지만 현실적으로 10억 원대 기업의 사장은 아침부터 밤까지 영업과 현장 대응에 뛰어다녀야 하므로 교육에 시간을 할애하기 어렵다. 이 구조는 사장이 교육하지 못하게 만들고, 사원이 성장하지 않아 다시 사장이 현장에 나서야 하는 악순환을 반복하게 한다.

이 악순환을 끊기 위해서는 사장이 결단을 내려야 한다. 기업을 키우고 싶다면, 사장은 영업의 일선에서 물러나고, 사원 교육에 집중하는 체제 전환이 필요하다. 이는 단순한 업무 분장이 아니라, 기업이 '빈약한 구조'에서 벗어나 '강한 조직'으로 성장하는 첫걸음이다.

마케팅과 매니지먼트가 유기적으로 연결되어야 진정한 경영이 가능하며, 교육은 그 중심에 있는 전략적 핵심이다.

3

가족적인 사원과 운영에는 한계가 있다.

🔳 가족적인 사원의 한계

10억 원대 기업이 100억 원 규모로 성장하는 과정에서는 설립 초기 고생한 사원과의 결별이라는 고통스러운 과정을 피할 수 없다.

오랜 시간 함께 고생한 직원들이 변화의 속도를 따라가지 못하거나, 새로운 직무에 적응하지 못하고, 성과 평가에 미달하여 자진하여 조직을 떠나는 일이 발생한다. 기업이 구조적으로나 문화적으로 완전히 달라지면서, 설립 초기 및 기존 사원 중에서 "같은 회사지만 전혀 다른 조직이 되었다." 라는 이질감을 느끼게 된다.

사람은 본능적으로 변화를 회피하려 하기에, 기존 환경을 유지하고자 하는 심리가 강하다. 하지만 기업이 다음 단계로 도약하기 위해서는 때로는 변화에 저항하는 구성원과 결별하는 경영자의 결단이 필요하다. 이는 단순히 냉정한 선택이 아니라, 기업의 미래를 위한 전략적 판단이자 필연적인 과정이다.

🔳 가족적인 운영의 한계

특히 변화에 저항하는 구성원은 창업 멤버나 고참 직원인 경우가 많다. 이들과의 관계는 조직이 커지고 시스템으로 움직여야 할 시점에, 여전히 감정 기반의 운영을 고수하면 기업 발전의 발목을 잡는 장애 요인이 된다.

기업은 이제 선택의 기로에 서게 된다.

- '가업' 수준에 머물 것인가?

- '기업'으로 탈바꿈할 것인가?

이 시점에서 필요한 것은 경영의 운영 논리를 정과 감정이 아닌, 성과와 시스템 중심으로 전환하는 일이다. 이는 단순한 제도 개편이 아니라, 경영자의 사고방식과 리더십에 대한 전환이며, 경영자로서의 진정한 시험대라 할 수 있다.

✴✴ 성과 중심의 경영 체계로 전환

100억 원 기업으로 도약하기 위해서는 단순히 사람을 유지하는 것이 아닌, 명확하고 객관적인 평가 기준을 바탕으로 한 시스템 경영으로의 전환이 필요하다. 기존처럼 "열심히 하니까", "오래 일했으니까"라는 정서적 평가 기준에서 벗어나야 한다.

- 역할 중심의 직무 정의
- 성과 기반의 평가 체계
- 기여도를 반영한 보상 기준

이러한 시스템은 사장 혼자만의 기준이 아니라, 전 구성원이 공유하고 납득할 수 있는 기준으로 자리 잡아야 하며, 조직문화의 중심으로 기능해야 한다. 명확한 기준 없이 감정적으로 평가할 경우, 사원들은 혼란을 겪고 동기부여를 잃게 된다.

사원이 10명을 넘는 때부터는 더 이상 가족경영의 방식이 통하지 않는다. 성과관리 시스템과 인사제도의 체계화는 '가업'을 넘어 성장하는 기업으로의 전환을 가능케 하는 핵심 시스템이다.

이러한 변화를 마주하고 구조화할 수 있는가가, 기업이 100억 원 규모로 도약할 수 있을지를 결정짓는 분기점이다.

Chapter
4
경영 방식의 한계

1

성장의 벽에 부딪힌 경영 방식의 한계

●● 성장을 가로막는 과거의 방식

10억 원대 기업을 분석해 보면, 초기 성장을 끌어낸 요소들이 일정 시점을 기점으로 성장을 방해하는 장애물로 전환되는 사례가 많다. 창업 초기에 효과를 발휘했던 마케팅 방식은 기업 규모가 커지면 더 이상 작동하지 않고, 가족처럼 가까웠던 소규모 조직에서는 불필요했던 매니지먼트 기능이 어느 순간 필수 요소로 바뀐다.

특히 10억 원대에서 100억 원대로 도약하려는 시점에서는, 과거의 습관과 시스템이 더 이상 추진력이 되지 않고 오히려 성장을 감속시키는 제동장치로 작용하게 된다.

이러한 전환점을 정확히 읽어내지 못한 기업은 결국 변화에 실패하고 정체기에 빠지게 된다. 즉, 성장을 위한 다음 단계를 밟기 위해서는 과거의 방식을 과감히 내려놓고, 새로운 구조를 재설계하는 통찰과 결단이 필요하다.

●● 변화와 설계의 주체는 사장

이러한 구조 전환의 핵심 주체는 바로 사장이다. 기업이 한 단계 더 성장하려면, 사장은 자신이 직접 만들어 낸 과거의 성공 방식을 스스로 내려놓는 용기와 판단력을 가져야 한다. 과거 방식에 집착한 채 계속 밀어붙이게 되면, 사장은 의도와는 달리 기업의 성장을 가로막는 브레이크를 밟는 존재가 되어버린다.

실제로 컨설팅 현장에서 마주한 다수의 기업 사례를 보면, 사장이 "이게 최선이다"라고 믿고 고수한 방식이 현재의 성장 정체를 유발한 최악의 수단이 되어 있는 경우가 많았다. 특히 마케팅 전략, 매니지먼트 방식, 고객 접근법 등은 성장 단계에 맞게 새롭게 설계되어야 하며, 이를 주도할 수 있는 사람은 오직 사장뿐이다.

사장은 자신의 비즈니스 모델을 가장 냉정하게 분석할 수 있는 사람이어야 하며, 무엇을 유지하고 무엇을 버려야 할지를 주체적으로 판단해야 한다. 이것이 바로 사장의 본질적 역할이자, 진정한 경영자의 조건이다.

기업 도약 전환의 설계자 되기

기업이 10억 원대에서 100억 원대로 도약하기 위해 마주해야 하는 가장 큰 관문은 '구조의 재설계'다. 이 과정은 단순한 부분 수정보다는 경영 전반에 대한 체계적인 재구성이 필요하다.

- 과거의 마케팅은 어떻게 변화해야 하는가?
- 조직 운영은 어떤 기준으로 바뀌어야 하는가?
- 사장은 어느 위치에 서야 조직이 자율적으로 굴러갈 수 있는가?

이 모든 질문에 답하고 설계를 그려낼 수 있는 사람은 사장밖에 없다. 이 시점에서 사장은 더 이상 '실행자'가 아니라, 구조 설계자로 전환되어야 하며, 그것이야말로 100억 원 기업으로 가는 진정한 출발점이다.

사장의 가장 중요한 업무는 "예전처럼 하면 안 된다"라는 신호를 읽고, 새로운 방식과 방향으로 조직을 움직일 수 있는 구조를 설계하는 것이다.

이 변화의 중심에 서는 순간, 사장은 이제 더 이상 과거의 성공에 기대지 않는 진짜 경영자로 도약하게 된다.

2

변화가 필요한 경영의 한계

∷ 성장의 벽에 부딪힌 경영의 한계

기업의 변화는 외부 환경이 아니라 사장의 행동 변화에서 시작된다. 그 첫걸음은 사장이 영업 현장에서 떠나는 결단이다.

기업을 재설계하고 비즈니스 모델을 정비하기 위해서는 집중력 있는 사고와 깊은 성찰의 시간이 반드시 필요하다. 이는 영업 현장을 오가며 틈틈이 할 수 있는 일이 아니라, 완전히 시간을 떼어 전념해야만 가능한 작업이다.

사장은 전투의 선봉장이 아니라, 전략을 설계하고 병력을 배치하는 지휘자여야 한다. 하지만 여전히 사장이 직접 최전선에 서서 영업을 수행하고 있다면, 그 기업은 10억 원대 매출을 넘기 어렵다.

모든 업무를 사장이 도맡아 하는 사장은 결국 경영조직의 한계로 이어지고, 이는 체계 없는 영업 방식이 기업 도약의 가장 큰 걸림돌이 되는 전형적인 사례로 귀결된다.

∷ 영업 현장에 있는 사장의 고민

사장이 영업에서 물러나야 한다는 이야기를 꺼내면, 많은 경영자들은 즉각적인 불안감을 표출한다.

- "매출이 줄면 어떻게 하나?"
- "고객이 사장을 찾는다"

이러한 반응은 컨설팅 현장에서도 자주 들리는 이야기다. 그럴 때 나는 이렇게 되묻는다.

- "언제까지 사장이 최전선에 있는 구조를 유지하시겠습니까?"
- "지금의 회사는 정말 '기업'입니까, 아니면 '개인 사업'입니까?"

이 질문 앞에서 많은 사장들은 비로소 현실을 인정하게 된다.

- "회사를 더 키우고 싶다"
- "더 많은 거래처를 확보하고 싶다"

이러한 반응은 단순한 바람이 아니라, 경영자로서 두 번째 결단을 내릴 수 있는 의지의 표현이다.

이때부터 진정한 변혁은 시작된다. 사장이 더 이상 직접 현장을 뛰는 것이 아니라, 조직이 스스로 움직일 수 있도록 설계하고 구조화하는 일, 바로 그것이 변화의 핵심이다.

⁑ 성장을 위한 조직으로 전환

기업이 100억 원 규모로 도약하려면, 반드시 사장이 현장에서 물러나야 한다. 그것은 후퇴가 아니라 전략적 전환이며, 더 큰 성장을 위한 지휘자 역할로의 이동이다. 이 시점에서 사장이 내려야 할 두 번째 결단은 다음과 같다:

- "내가 직접 뛰는 구조에서 벗어나겠다."
- "사람과 시스템이 매출을 만들어 내는 구조를 만들겠다."

이러한 결심은 단순한 조직 개편이 아니라, 경영철학과 리더십의 전환이다. 이제부터 사장은 매출의 주체가 아니라, 매출이 자동으로 창출되는 구조를 설계하는 사람이다.

그 결단이 이루어질 때, 비로소 조직은 자율적으로 작동하기 시작하며,

기업은 진정한 성장 궤도에 오른다.

사장의 현장 은퇴는 끝이 아니라 시작이다. 그것이야말로, 10억 원 기업을 넘어서 100억 원 기업으로 도약하기 위한 실질적 출발점이며, 기업을 '사람 중심 구조'에서 '시스템 중심 구조'로 전환하는 핵심 분기점이다.

3

한계를 돌파하는 경영 설계자로 전환

●● 100억 원을 목표로 하는 기업

지금까지 기업다운 경영을 시작할지 말지를 결정하는 것이 첫 번째 결단이었다면, 이제는 '진정한 회사'를 만들 것인가를 결정해야 할 두 번째 결단의 시점에 이르렀다.

진정한 회사란 단순히 운영이 가능한 수준의 조직이 아니라, 시장과 사회에 가치를 제시하고 책임을 다할 수 있는 규모와 구조를 갖춘 기업을 말한다. 그 출발선은 바로 연 매출 100억 원을 목표로 설정하는 것이다.

연 매출 10억 원대의 규모로는 조직적 성숙도와 사회적 영향력 모두에서 한계가 뚜렷하며, 경영 역시 여전히 사장 1인의 힘에 의존하게 된다. 이에 비해, 100억 원 기업은 체계적 경영시스템이 작동하는 구조를 전제로 하며, 진정한 경영자로서 책임과 비전이 요구된다.

결국, 개인 사업주의 한계를 넘어서기 위해서는 사장의 결단과 실천이 반드시 필요하다.

●● '도약 설계도'가 출발점이다.

100억 원을 목표로 하는 진정한 회사를 만들겠다고 마음먹었다면, 이제는 결단을 행동으로 옮길 차례다. 다행히도 이 여정은 완전히 미지의 세계가 아니다. 이미 여러 사례와 경험을 통해 100억 원 기업의 '설계도'는 윤곽을 드러내고 있다.

이 설계도는 자사의 현실에 맞게 자기화하고 구체화하는 작업이 필요하다.

- 기존 구조에서 무엇을 버릴 것인가?
- 어떤 시스템을 도입할 것인가?
- 누가 어떤 역할을 맡고, 어떤 기준으로 운영할 것인가?

이 질문들에 대한 답을 찾아나가는 것이 실행의 출발점이다. 지금 이 순간, 무엇을 해야 할지 이미 알고 있다면, 남은 것은 실행뿐이다.

🔶 경영 설계자로 전환한다.

사장이 현장을 떠나도 기업은 움직이고, 고객은 계속해서 유입된다. 오히려 회사는 더 큰 신뢰와 감사를 받으며, 시장 내 존재감을 키워간다. 이는 단순한 이상론이 아니라, 시스템 기반 경영의 실제 효과이다.

이제 사장의 역할은 바뀌었다. 더 이상 전면에서 뛰는 실행자가 아니라, 구조를 설계하고 흐름을 조정하는 디자이너이자 지휘자가 되어야 한다.

- 전략을 그리고,
- 조직을 설계하고,
- 시스템을 정착시키는 일.

이제 회사를 다시 '설계'할 시점이며, 사장이 진정한 경영자로 거듭나야 하는 때이다.

그리고 새로운 경영 조직 설계자로 나설 차례다.

PART

3

100억 원 기업으로 도약하는
마케팅 설계도

Chapter
1
마케팅 설계

1. 도약을 위한 마케팅 구성을 설계한다.

2. 도약을 위한 마케팅 단계를 체계화한다.

3. 도약을 위한 마케팅 조직으로 전환한다.

1

도약을 위한 마케팅 구성을 설계한다.

❖❖ 도약을 위한 마케팅 구조의 전환이 필요하다.

10억 원대 기업이 100억 원 규모로 도약하기 위해서는, 감각적 영업과 즉흥적 마케팅에 의존했던 기존 방식에서 탈피해야 한다. 10억 원까지는 사장의 인맥, 경험, 판단력으로 어느 정도 성과를 낼 수 있다.

그러나 매출 규모가 커지고, 조직과 거래처, 고객 수가 증가하면서 더 이상 사장 1인의 역량만으로 통제하고 실행할 수 있는 한계를 넘어서게 된다. 이 시점에서 반드시 필요한 것이 마케팅 구조의 시스템화다.

지금까지 사장이 혼자 해오던 마케팅 전 과정을
* 분업할 수 있는 구성원과 조직 단위로 하고,
* 누가 맡아도 일정 성과를 낼 수 있는 프로세스로 설계하며
* 결과를 예측하고 추적할 수 있는 형태로 체계화해야 한다.

무엇보다도, 기업의 성장 속도는 마케팅의 구조화 정도에 따라 결정된다. 마케팅이 구조화되지 않으면, 고객 유입은 우연에 의존하고, 매출은 매번 새로 만들어야 하는 일이 된다.

반대로 마케팅이 시스템화되면,
* 고객 확보가 '계획 가능한 수치'로 전환되고
* 영업은 '사람'이 아닌 '구조'로 성과를 만들게 되며
* 사장은 '실행자'가 아니라 '설계자'로서 기업 전체의 방향과 전략에 집중할 수 있다.

결국, 마케팅 체계의 정비는 단순한 도구 개선이 아니라, 사장 중심 조직에서 자율적 성장 조직으로 넘어가는 전략적 기반이며, 10억 원 기업이 100억 원 규모로 도약하는 첫 번째 조건이다.

도약을 위한 마케팅 비즈니스 모델을 설계하자

연 매출 10억 원대 기업이 100억 원으로 도약하기 위해서는 마케팅 비즈니스 모델을 설계하고 구조화하여야 한다. 이를 위한 첫 번째가 마케팅 항목의 구성이다.

도약을 위한 마케팅 비즈니스 모델은 다음의 6가지 항목으로 구성한다.

도약을 위한 마케팅 구성 항목

(1) 상품 만들기
(2) 매장 만들기
(3) 고객 확보하기
(4) 영업 수행
(5) 업무 실행
(6) 사후관리 처리

도약을 위한 마케팅 체계의 필요성

10억 원대 기업이 100억 원 규모로 도약하기 위해서는, 감각적 영업과 즉흥적 마케팅에 의존했던 기존 방식에서 탈피해야 한다. 10억 원까지는 사장의 인맥, 경험, 판단력으로 어느 정도 성과를 낼 수 있다.

그러나 매출 규모가 커지고, 조직과 거래처, 고객 수가 증가하면서 더 이상 사장 1인의 역량만으로 통제하고 실행할 수 있는 한계를 넘어서게 된다. 이 시점에서 반드시 필요한 것이 마케팅 구조의 시스템화다.

지금까지 사장이 혼자 해오던 마케팅 전 과정을

- 분업할 수 있는 구성원과 조직 단위로 하고,
- 누가 맡아도 일정 성과를 낼 수 있는 프로세스로 설계하며
- 결과를 예측하고 추적할 수 있는 형태로 체계화해야 한다.

무엇보다도, 기업의 성장 속도는 마케팅의 구조화 정도에 따라 결정된다. 마케팅이 구조화되지 않으면, 고객 유입은 우연에 의존하고, 매출은 매번 새로 만들어야 하는 일이 된다.

반대로 마케팅이 시스템화되면,

- 고객 확보가 '계획 가능한 수치'로 전환되고
- 영업은 '사람'이 아닌 '구조'로 성과를 만들게 되며
- 사장은 '실행자'가 아니라 '설계자'로서 기업 전체의 방향과 전략에 집중할 수 있다.

결국, 마케팅 체계의 정비는 단순한 도구 개선이 아니라, 사장 중심 조직에서 자율적 성장 조직으로 넘어가는 전략적 기반이며, 10억 원 기업이 100억 원 규모로 도약하는 첫 번째 조건이다.

2

도약을 위한 마케팅 단계를 체계화한다.

10억 원대 기업에서 100억 원 기업으로 도약을 위한 마케팅 비즈니스 모델의 단계를 체계화하기 위해서는 그 단계별 마케팅 항목과 항목별 실행, 실행의 가속화, 전략의 정립에 의한 체계화이다.

10억 원대 기업이 100억 원대로 도약하기 위해서는 마케팅을 단순한 '홍보'나 '판매 촉진'으로 접근해서는 안 되며, 전사적인 실행 체계로 통합된 '마케팅 단계별 시스템'으로 구축해야 한다.

이를 위해 마케팅을 ①상품 설계, ②매장 및 채널 설계, ③고객 설계, ④영업 설계, ⑤업무 실행 설계, ⑥사후관리 처리의 여섯 단계로 구조화함으로써, 성장이 가능한 기반을 갖출 수 있다.

⚫⚫ 상품 설계 단계

▶ 주력 상품과 일반 상품의 기획과 구성

상품 설계는 단순한 제품 제작이 아니라, 타깃 고객의 니즈를 정밀하게 반영한 상품 기획 과정이다. 경쟁 제품과의 차별성을 확보하기 위해, 가격·품질·기능뿐 아니라 고객이 체감하는 '선택 이유'를 명확히 설정해야 한다.

이때 단순한 원가 중심이 아닌, 고객의 문제를 해결하거나 만족감을 높일 수 있는 구체적 가치 제안이 중심이 되어야 한다.

- 고객이 원하고 시장성이 있는 상품을 기획하고 만들기
- 판매 가능한 상품 구성과 경쟁력 있는 주력 상품 만들기

❖❖ 매장·채널 설계 단계

▶ 상품 '매장, 채널' 만들기

상품이 고객에게 도달하기 위한 물리적·디지털 공간을 어떻게 구성할 것인지 전략적으로 설계해야 한다.

오프라인 매장의 경우 위치, 동선, 디스플레이, 브랜드 이미지까지 포함되며, 온라인 채널의 경우 자사몰, 오픈마켓, 소셜커머스, 콘텐츠 채널 등 고객이 실제 구매를 진행할 수 있는 접점을 체계화하는 것이 중요하다. 핵심은 채널별 기능 분담과 통합 운영 체계를 구축하는 것이다.

- 오프라인 매장, 온라인 채널 등 고객 접점을 설계하고 준비하는 단계
- 브랜드 경험을 전하는 공간이자 구매 전환의 무대
- 온·오프라인 매장 및 판매 채널 설계하기

❖❖ 고객 설계 단계

▶ 구매 가능한 '고객군'을 구조화

막연한 타깃이 아닌, 실제로 구매 전환이 가능한 고객군을 명확히 정의해야 한다. 성별, 연령, 소득, 직업 등의 외형적 조건뿐 아니라, 문제 인식, 구매 여정, 정보 탐색 방식 등 심리적 특성까지 고려하여 **'고객 페르소나'**를 구체화해야 한다. 이를 통해 마케팅 메시지, 광고 소재, 채널 전략을 데이터 기반으로 정밀 타격할 수 있다.

- 타깃 고객 설정, 홍보, 집객 채널 운용을 포함한 유입 전략의 설계
- '누가, 어떻게, 어디에서 오는가'를 수치화가 가능한 구조로 설계

❖❖ 영업 설계 단계

▶ 영업 수행을 위한 도구 설계

사장의 개인 능력에 의존하는 영업 방식에서 벗어나, 누구나 일정 수준 이상을 수행할 수 있는 표준 영업 구조를 마련해야 한다. 이를 위해 상담 스크립트, 어프로치북, 제안서 템플릿, 비교자료, 고객 사례집 등의 영업 도구를 체계화하고, 사원 중심의 접점 운영 프로세스를 설계함으로써 영업의 일관성과 재현성을 확보할 수 있다.

- 상담, 제안서 작성, 견적, 계약 등 성과로 전환하는 단계
- 일정한 절차와 표현법, 대응 매뉴얼을 통해 표준화된 실행 필요
- 상품 판매 계약의 프로세스 설계와 계약 수행

◉◉ 업무 실행 단계

▶ 계약 이행의 품질이 고객 신뢰를 결정한다.

업무 실행은 상품 판매 이후의 실질적인 계약 이행 단계로, 고객에게 약속한 가치를 현실로 전달하는 과정이다. 납품, 시공, 배송, 설치, 서비스 제공 등 현장 중심의 실무 활동이 포함되며, 이 단계에서의 정확성과 신속성, 품질은 곧바로 고객의 만족도와 신뢰도에 영향을 준다.

특히 마케팅(고객 유치)과 운영(실행)의 연결이 단절되면, 아무리 뛰어난 광고와 제안이 있었더라도 고객 불신으로 이어질 수 있다. 따라서 마케팅에서 약속한 내용이 실제로 실행 단계에서 일관되게 이행되도록, 사내 커뮤니케이션과 협업 구조가 정비되어야 한다.

또한, 실행 업무는 사람에 따라 결과가 달라지지 않도록 표준화된 작업 매뉴얼, 일정 관리 시스템, 품질 점검 프로세스 등을 마련하여 조직 전체의 신뢰도를 높이는 기반이 되어야 한다. 이 과정을 체계화함으로써, 기업은 단발성 거래가 아닌 지속적 관계를 만드는 신뢰 기반의 경영으로 나아갈 수 있다.

- 납품, 시공, 배송, 서비스 등 계약 이행의 실무 처리 단계
- 마케팅과 운영이 매끄럽게 연결되어야 고객 신뢰 형성 가능

사후관리 단계

▶ 고객 재방문과 재구매를 유도하는 '고객 유지 구조'

판매 이후의 피드백 관리, A/S 응대, 리뷰 요청, 등급제 운영 등 고객 유지(LTV) 중심의 사후관리 체계를 구축해야 한다. 단순한 만족도 조사에 그치지 않고, 고객 이탈을 예방하고 충성도를 높일 수 있는 프로세스(예: CRM 시스템, 리텐션 캠페인)가 필요하다. 이는 단기 매출이 아닌 장기 고객 자산을 키우는 핵심 단계다.

- 만족도 향상, 재구매 유도, 클레임 대응 등 장기 고객화를 위한 프로세스
- '계약 후 관리'가 매출 확대의 핵심 루프로 작동해야 함

~ · ~

이러한 6단계 마케팅 설계는 단순히 부서의 일이 아니라, 기업 전체가 성장하는 과정에서 고객과 만나는 모든 접점의 설계도다. 결국, 상품 기획부터 고객의 재방문까지의 전 과정을 시스템화함으로써, 사장 중심에서 조직 중심으로 도약하는 기반이 마련된다. 이는 10억 원대 기업이 100억 원대로 전환하는 데 있어 필수적이다.

3

도약을 위한 마케팅 체계로 전환한다.

●● 도약을 위한 마케팅 조직으로 전환

10억 원대 기업이 100억 원 규모로 도약하기 위해서는, 감각적 영업과 즉흥적 마케팅에 의존했던 기존 방식에서 탈피해야 한다. 10억 원까지는 사장의 인맥, 경험, 판단력으로 어느 정도 성과를 낼 수 있다.

그러나 매출 규모가 커지고, 조직과 거래처, 고객 수가 증가하면서 더 이상 사장 1인의 역량만으로 통제하고 실행할 수 있는 한계를 넘어서게 된다. 이 시점에서 반드시 필요한 것이 마케팅 구조의 시스템화다.

지금까지 사장이 혼자 해오던 마케팅 전 과정을

- 분업할 수 있는 구성원과 조직 단위로 하고,
- 누가 맡아도 일정 성과를 낼 수 있는 프로세스로 설계하며
- 결과를 예측하고 추적할 수 있는 형태로 체계화해야 한다.

무엇보다도, 기업의 성장 속도는 마케팅의 구조화 정도에 따라 결정된다. 마케팅이 구조화되지 않으면, 고객 유입은 우연에 의존하고, 매출은 매번 새로 만들어야 하는 일이 된다.

반대로 마케팅이 시스템화되면,

- 고객 확보가 '계획 가능한 수치'로 전환되고
- 영업은 '사람'이 아닌 '구조'로 성과를 만들게 되며
- 사장은 '실행자'가 아니라 '설계자'로서 기업 전체의 방향과 전략에 집중할 수 있다.

결국, 마케팅 체계의 정비는 단순한 도구 개선이 아니라, 사장 중심 조직에서 자율적 성장 조직으로 넘어가는 전략적 기반이며, 10억 원 기업이 100억 원 규모로 도약하는 첫 번째 조건이다.

시스템 중심 협업 체계로 전환

과거의 사장 중심 영업은 빠르고 유연하다는 장점이 있었지만, 확장성과 재현 가능성에서는 한계가 있었다. 암묵지에 의존한 방식은 사장이 자리를 비우면 조직이 멈추는 구조로 이어졌고, 이는 지속 성장에 치명적인 약점이다.

100억 원 기업으로 도약하기 위해서는 개인의 역량이 아닌, 시스템에 기반한 영업 구조가 필요하다.

- 고객 접점부터 계약에 이르는 전 과정의 표준화
- 신입사원도 실행할 수 있게 매뉴얼화
- 팀 단위로 분업과 협업할 수 있게 체계화

이러한 구조를 갖춰야만 기업은 사장의 부재에도 흔들리지 않는 자생력 있는 조직으로 진화할 수 있다.

이 전환은 단순한 효율 향상이 아닌,

- 조직이 스스로 성장하는 구조,
- 사장에게 의존하지 않는 지속 가능한 경영 체계,
- 100억 원 기업의 필수 조건이다.

즉, '사장 중심의 마케팅'에서 '조직 중심의 시스템 마케팅'으로 전환하는 것이야말로, 진정한 기업 경영의 시작이다.

✦ 도약을 위한 마케팅의 체계로 전환

지금까지 많은 사장들이 이 모든 마케팅 단계를 혼자서 감각적으로 처리해 왔다. 그러나 영업사원을 채용한 이후에도 이 구조를 그대로 전가하게 되면, 오히려 조직이 무너진다.

왜냐하면 평균적인 사원의 역량은 사장의 약 30% 수준에 불과하며, 사장의 방식은 감각 기반의 암묵지이기 때문이다. 그래서 10억 원대 기업이 도약을 위해서는 반드시 마케팅 단계를 세분화하고,

- 각각의 업무를 사원이 감당이 가능한 단위로 나누고
- "개인이 할 일"과 "조직이 해야 할 일"을 명확히 구분해야 한다.

'분담'이란 말 그대로, 조직과 개인이 할 수 있는 업무를 각각의 단계별로 역할을 나누고 협업하는 구조를 뜻한다. 이처럼 마케팅 활동을 개인과 조직의 역할로 구분하고 시스템화함으로써, 다음과 같은 구조적 전환이 가능해진다.

- 사장 중심 → 조직 중심 전환: 사장이 직접 영업하던 구조에서 벗어나, 누구나 실행 가능한 도구 중심 체계로 전환
- 직원 의존 → 시스템 의존: 특정 직원의 역량에 따라 성패가 갈리는 구조가 아닌, 누구나 일정 수준의 품질로 실행할 수 있는 환경 마련
- 우연적 성과 → 반복 가능한 성과: 감에 의존한 영업이 아닌, 계획 가능한 수치로 예측 가능한 마케팅 운영

이것이 바로 사장 1인 영업에서 조직의 마케팅 체계로 넘어가는 핵심 전환점이며, 100억 원 기업이 갖추어야 할 시스템 경영의 기초다.

Chapter
2
상품 설계

1. 상품 매출의 목표는 고객 단가로 결정한다.
2. 주력 상품은 매출 실적으로 결정한다.
3. 상품 매출의 주 고객층을 결정한다.

1

상품 매출의 목표는 고객 단가로 결정한다.

◦◦ 마케팅의 출발점은 '팔리는 상품' 만들기

마케팅의 첫걸음은 단순한 홍보나 광고가 아니라 '상품 만들기'에서 시작된다. 여기서 말하는 상품이란 단순히 생산된 제품이나 물리적 물건만을 의미하는 것이 아니라, **고객에게 전달할 수 있는 가치 전체**를 포괄한다. 눈에 보이지 않는 서비스나 무형의 솔루션도 훌륭한 상품이 될 수 있으며, 고객이 실제로 손에 쥐는 물건만이 상품은 아니다.

특히 이 상품 만들기는 **경영자의 핵심 업무**다. 회사가 단순히 판매 대리점이라 하더라도, 팔리는 상품이 무엇이며 어떤 방식으로 구성될지를 고민하는 일은 경영의 본질에서 결코 분리될 수 없다. 시장에서 고객이 실제로 반응할 수 있는 구조, 차별성과 가격 경쟁력을 갖춘 상품으로 발전시켜야하며, 이는 단순한 기획이 아닌 경영전략과 직결된다.

◦◦ 상품 만들기의 기준은 '매출 수식'에서 시작된다.

상품을 기획하고 구성할 때, 단순히 '무엇을 팔까?'라는 질문으로 시작해서는 안 된다. 가장 먼저 고민해야 할 것은 **경영 목표와 연결된 매출 구조**, 즉 '**단가 × 고객 수**'라는 수식이다.

예를 들어 현재 연 매출이 10억 원인 기업이 100억 원을 목표로 한다면, 이 목표를 실현하기 위해 단가를 높일 것인가, 고객 수를 늘릴 것인가, 또는 두 요소를 어떻게 조합할 것인가를 구체적으로 계산해야 한다.

이러한 매출 수식은 단순한 숫자가 아니라, 상품 구성 방식과 고객 전략을 결정짓는 출발점이 된다. 고객 1인당 구매 단가를 높이려면 고부가가치 상품을 설계해야 하고, 고객 수를 늘리려면 유입 구조와 접근성을 강화하는 방향으로 상품을 단순화하거나 확장시켜야 한다.

결국, 팔리는 상품이란 목표 매출을 실현할 수 있는 전략적 계산 위에 만들어지는 것이며, 상품 만들기 자체가 곧 경영의 핵심 기획 활동이라 할 수 있다.

◉◉ 매출을 수치화하고 전략적으로 압축한다.

상품 단가는 실제로는 상품별로 다르지만, 이를 평균치인 객단가로 잡고 고객 수와 함께 고려한다. 이 숫자를 처음에 정했는가 아닌가가 성장의 갈림길이 된다.

《 상품 설계 구조 》

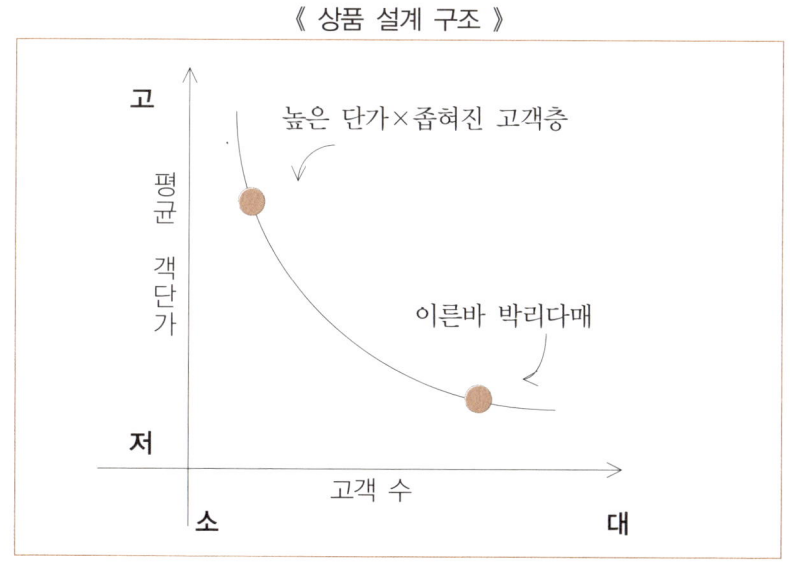

평균 고객 단가×고객 수를 사전에 설정한다.

기본적으로 평균 객단가와 고객 수는 반비례 관계에 있다. 도표로 표현하자면, 자사가 어느 위치쯤 목표로 삼아야 하는지를 그림처럼 상상해 볼수 있다. 이 상상이 경영전략의 방향을 결정짓는다.

그러나 이 지점에서 헤매는 경영자도 많다. "여러 고객층이 사줬으면 좋겠다", "비싼 것도 있고 싼 것도 있다", "이런 게 다양하게 있으면 좋지 않을까?"라는 생각은 도표상의 곡선 전체에 동그라미를 그려놓는 것처럼 방향성이 없이 분산된 전략이다.

두 마리 토끼는커녕 눈에 보이는 토끼 전부를 놓치고 마는 결과를 초래한다. 작은 기업이 수백억 원대의 기업처럼 여러 계층의 고객을 상대하려하면 오히려 역효과가 나며, 지금 필요한 것은 집중과 압축이다.

◦◦ 현실적인 매출 목표를 고려한 단가 설계

목표 매출을 100억 원으로 단숨에 설정할 필요는 없다. 경영자는 자사상황에 맞춰서 '꼭 달성하고 싶은 매출 목표'를 설정해야 한다. 단계별로 목표 매출액을 설정하여야 한다. 3년 안에 100억 원을 하나의 기준으로 삼고,

- 1년째는 단계별로 20억~40억 원
- 2년째는 40억 원~70억 원
- 3년 째는 70억 원~110억 원 등으로 설정한다.

하지만 이때 주의할 점은 단가를 무턱대고 높게 설정하지 말아야 한다는 것이다. 단가가 높을수록 필요한 사원의 영업력 · 기획력 · 기술력 수준도 높아진다.

이는 곧 인재 채용과 교육의 비용이 상승한다는 의미이며, 결과적으로 조직 운용에 큰 부담이 될 수 있다. 반대로 단가가 너무 낮으면 수익이 나지 않아 경영이 불안정해진다. 따라서 단가는 전략적 판단을 바탕으로 설정해야 한다.

●● 전략적 상품 만들기의 핵심포인트

전략적 상품 만들기의 핵심은 가격과 고객 수의 균형을 명확히 설정하는 것이다. 이때 '먼저 가격이 정해져 있다'는 점이 핵심이다. 상품을 처음부터 새로 만드는 것이 아니라, 목표 단가에 맞추기 위해 기존 상품을 어떻게 포지셔닝할 것인지를 고민하는 것이다.

하지만 단가만 맞으면 아무 상품이나 팔아도 된다는 식의 사고는 절대 금물이다. 고객에게 자신 있게 소개하고, 믿음을 줄 수 있는 상품이어야 한다. 이런 상품(군)을 선택하는 것이 전략적 상품 만들기의 두 번째 포인트이며, 결국 이 감각이야말로 기업 성장을 좌우하는 마케팅 전략의 본질이 된다.

2

주력 상품은 매출 실적으로 결정한다.

🔘🔘 상품 라인업 확장이 아닌 압축이 필요하다.

자사의 주력 상품이 무엇일지를 먼저 생각해 보자. 많은 경영자는 자사 상품의 라인업을 지나치게 확장하는 경향이 있다. 고객에게 "뭐든지 할 수 있으니 꼭 연락해 주십시오!"라고 말하고 싶은 것이다. 그러나 안타깝게도, 상품 라인업을 확장할수록 매출은 오히려 하락하는 경향이 있다. 믿기 어려울 수 있지만, 실제 컨설팅 현장에서 자주 확인되는 사실이다.

예를 들어, 한 건축계열 회사는 사장의 명함 뒷면에 10개 이상의 사업 항목이 적혀 있었다. 리모델링, 신축, 해체 등등 다양했지만, 실제 연 매출은 10억 원대였다. 이는 각 항목당 매출 기여도가 극히 낮다는 것을 의미한다.

실질적으로는 대부분의 업무가 실제 일로 이어지지 않으며, 사장이 모든 업무를 직접 처리하는 구조였다. 이렇게 다양한 업무 항목을 늘리는 이유는 단 하나, 당장의 매출을 올리고 싶은 절박한 마음 때문이다.

🔘🔘 전문화된 하나의 상품으로 신뢰를 쌓아라.

이럴 경우, 오히려 상품을 하나로 압축하는 편이 더 나은 전략이 될 수 있다. 즉, 전문업체로 포지셔닝하는 것이다. 이 방향이야말로 고객에게 신뢰를 얻는 방법이다.

많은 기업은 다음 달 매출을 올리고 싶다는 조급함에 '무엇이든지 다 할 수 있다'라는 식으로 문을 넓혀버리는 실수를 범한다. 그러나 고객의 처지에서 생각해 보면, 단 한 사람이 "뭐든지 다 합니다"라고 말하는 것에 신뢰가 생기기는 어렵다.

추천하는 전략은 '일점 돌파8), 전면 전개9)'이다. 기업이 성장에 가속도를 붙이는 방법은 바로 상품 수를 줄이고, 단 하나의 핵심 상품으로 집중하는 것이다. 실제로 성장을 지속하는 기업은 핵심 상품을 중심으로 업무 영역을 집중하여 실적이 상승하고 있다.

일본 시장만 봐도, 과거의 종합 슈퍼마켓은 쇠퇴하고 있으며, 종합화가 오히려 문제로 지적되는 시대가 되었다.

❖❖ 차별화 없는 상품 압축은 무의미하다.

지금은 어떤 장르든 상품 아이템이 넘쳐나는 시대이다. 모든 상품을 갖추는 것은 현실적으로 불가능하며, 줄이려면 제대로 줄여야 한다. 이때 흔히 하는 실수가 도매상 협회나 유통업체가 추천하는 전형적인 기본 패키지를 그대로 따르는 것이다. 그렇게 되면 자사만의 차별성이 사라지고, 고객은 어느 기업을 선택해도 큰 차이가 없는 상황이 된다.

반면, 급성장하고 있는 기업의 상품은 분명한 특색과 기준이 있다. 이는 단순히 "팔리니까 진열해 둔다"라는 방식이 아니다. "우리 회사는 ○○에 강하다"는 명확한 주장을 담고 있으며, 그것이 곧 고객과의 신뢰로 이어진다. 어떤 포인트에서 압축할 것인지는 단정할 수는 없지만, 상권 분석과 경쟁사 비교, 자사의 강점 평가를 통해 압축 기준을 정하는 것이 바람직하다.

---

8) '일점 돌파'란 어떤 목표를 달성하기 위해 한 가지 중요한 부분에 집중하여 돌파구를 마련하는 전략이나 행동을 의미한다.
9) '전면전개'란 어떤 활동이나 사업을 모든 영역으로 확대하여 진행하는 것을 의미한다.

고객 관점에서 1등이 될 수 있는 상품

상품 전략은 결국 고객의 시점에서 판단해야 한다. 특히 지역 내 경쟁사들과의 비교에서 '고객이 자사를 선택할 이유가 분명한가?'가 가장 중요하다. 단순히 상품 자체만이 아니라, 사후관리나 보증, 고객 응대 품질까지도 하나의 상품으로 포함하여 차별화할 수 있다.

단, 가격 경쟁은 가능한 한 피해야 한다. 대기업의 가격 결정력에는 맞서기 어렵고, 가격에만 반응하는 고객은 변덕스럽기에 충성도도 낮다. 그러나 가격만이 아닌 신뢰와 품질을 기반으로 선택하는 고객층은 의외로 많다. 이런 고객은 자사와 장기적인 관계를 맺을 수 있는 훨씬 나은 대상이다.

정가 공개는 오히려 신뢰를 높이는 전략이다.

상품이나 서비스의 가격 설정에 있어 많은 경영자는 고객 중심을 외치며 사례별(case by case) 전략을 취한다. 그러나 실제 컨설팅 현장에서 견적을 여러 번 산출해보면, 최종 금액은 평균적으로 거의 비슷한 범위 안에 정착된다. 그렇다면 애초에 정가를 공개하는 전략이 훨씬 효율적이고 실용적이다.

정가를 공개하면 상담 문의가 줄어들 것이라고 우려하는 경영자가 많지만, 실제로는 그렇지 않다. 오히려 고객은 가격이 명확한 쪽이 이해하기 쉽고, 거래 속도도 빨라지며 계약 전환율도 높아진다. 또한, 가격만 보고 움직이는 고객층은 애초에 걸러지기 때문에 불필요한 상담 자원 낭비도 줄일 수 있다.

핵심 고객에 집중한다.

가격으로만 기업을 판단하는 고객은 대부분 이탈 가능성이 높은, 비효율적인 고객층이다. 이런 고객에게는 많은 자원을 투입하고도 실익이 적다. 그렇기 때문에, 홈페이지나 소개 자료에 가격을 명시해 두면, 자사에 맞지 않는 고객층이 스스로 거르는 필터 역할을 하게 된다. 이는 오히려 반가운 일이다.

경영자는 '가격 경쟁에서 지면 고객이 떠난다'고 착각하지만, 실제로는 지금부터 상대하고 싶지 않은 고객이 떠나는 것이다. 자사의 중요한 사원의 시간과 역량은, 오히려 신뢰를 기반으로 협력할 수 있는 우량고객에게 집중되어야 한다. 이런 사고방식이 바로 상품 전략과 비즈니스 모델 설계에서의 본질적인 차이를 만든다.

3

상품 매출의 주 고객층을 결정한다.

⠶ 상품 매출로 고객층을 세분화한다.

상품 가격을 어느 정도 수준에서 결정하느냐에 따라, 경영자가 얻을 수 있는 중요한 효과가 하나 더 있다. 그것은 상품의 가격이 정해지면 연간 매출이 함께 결정된다는 점이다. 이처럼 연간 매출을 예측하고 있는지 그렇지 않은지에 따라 비즈니스 모델의 설계가 크게 달라진다. 핵심은 '역산이 가능한가?'에 있다.

구체적으로는 고객 1인당 평균 단가를 먼저 설정하는 일이다. 그러나 대부분의 기업은 이를 명확히 하지 못하고 있다. 평균 객단가를 설정하면 자동적으로 고객층도 압축된다.

고가 상품을 매수하는 고객층을 상대로 할 것인가, 아니면 저가만을 추구하는 고객층을 대상으로 할 것인가? 이는 자연스럽게 결정되는 것이 아니라, 경영자가 적극적인 전략으로 선택해야 할 문제다.

⠶ 고객층과 상품 선정은 함께 설계되어야 한다.

고객층의 선택은 상품 라인업 구성에 그대로 반영된다. 예를 들어 전단지 광고에서 간판 상품 하나만 보더라도 그 의도가 드러난다. 주택 리모델링 업계에서 흔히 하는 실수는 연 수입 1억 원대 고객을 대상으로 하면서도, 실제 광고에는 지역 최저가인 양산형 벽지 도배 상품을 내세우는 경우다.

이러한 상품은 고객확보용 상품이라 불리며, 가격은 낮고 경우에 따라서는 적자를 감수해야 할 수도 있다. 하지만 진짜 문제는 가격이 아니라 상품 선택 자체에 있다. 고소득층을 목표로 한다면, 양산형 벽지 대신 규조토 벽칠이나 맞춤형 수납 가구처럼 가치가 높고 연계 매출로 이어질 수 있는 상품을 간판으로 내세워야 한다.

❖❖ 상품의 가격보다 중요한 것은 '무엇을 팔 것인가'이다.

생각해 보면 금세 이해되는 이야기다. 과연 양산형 벽지 도배 상품에 끌려오는 고객이 연 수입 1억 원에 해당할까? 그렇지 않다. 이 상품은 이미 대상 고객층에서 벗어나 있다.

고객 확보 상품이라면 상품의 유형이 고객층과 일치해야 한다. 고소득층을 대상으로 한다면, 간판 상품은 적어도 수백만 원 이상의 매출로 이어질 수 있는 구성을 띠어야 한다.

분명 가격도 중요하다. 그러나 그보다 더 중요한 것은 상품의 선정이다. 상품과 서비스의 나열은 목표 고객층의 평균 단가, 즉 고객층이 누구냐에 따라 전혀 달라지며, 첫 집객[10] 상품에서부터 전략이 갈린다.

주택 리모델링 업종이라면, 건축 자재와 소재의 가격대는 정말 다양하다. 어디에 중심을 두고 상품을 구성할 것인지, 그것이 곧 기업의 방향성을 결정한다.

❖❖ 상품 전략은 경영자의 핵심 업무이다.

상품 만들기는 단순히 구성하는 작업이 아니라, 고객을 압축하고 그들에게 만족을 줄 수 있는 상품과 서비스를 개발하고 개선해 나가는 계산된 전략이다. 이처럼 중요한 작업을 사원에게 전적으로 맡길 수는 없다. 이 일은 바로 경영자의 핵심 업무다.

---

[10] 집객(集客): 고객을 모으는 일

상품의 객단가가 정해지면, 매출 목표와 고객 수, 그리고 그에 따른 영업 전략, 조직 설계까지도 연결된다. 이처럼 상품 전략은 비즈니스 모델의 설계와 직결된다.

따라서 경영자는 단가 설정과 상품 기획의 단계부터 고객층의 정렬과 수익 구조를 통합적으로 설계할 수 있어야 한다. 이는 결코 사소한 결정이 아니다. 상품 가격과 상품 구성, 고객 대상, 매출 구조는 유기적으로 연결된 하나의 시스템이기 때문이다.

Chapter
3

매장 설계

1. 매장의 입지는 전략적으로 선정한다.

2. 상거래를 지원하는 매장 설계가 필요하다.

3. 매장은 실적을 만드는 프레젠테이션 장소이다.

4. 온라인 매장은 자사의 프레젠테이션 무대이다.

1

매장의 입지는 전략적으로 선정한다.

🔆 입지의 결정이 매장의 성패를 좌우한다.

매장은 마케팅 사이클(Marketing Cycle)[11]에서 매장의 역할은 매우 중요하다. 여기서는 오프라인 매장을 중심으로 설명한다. 매장을 차린다고 할 때 가장 먼저 고려해야 할 것은 입지이다. 흔히 평수나 건물 상태와 같은 물리적 조건을 먼저 따지기 쉽지만, 이와 동등하거나 그 이상으로 입지가 중요하다.

대체로 상권으로 삼으려는 지역은, 자신이 하고자 하는 비즈니스와 이미 연관된 경우가 많다. 상품 개발 단계에서 설정한 벤치마킹 대상이나 경쟁업체의 주요 고객층이 거주하는 지역일 가능성이 높다.

특히 배달 중심의 업종이라면 더욱 그러하며, 건축 관련 사업도 마찬가지다. 어떤 지역이든 직업군이나 소득 수준에 따라 주거지역이 구분되는 경향이 있기 때문에, 상권은 넓게 퍼질 수 있어도 거점으로 삼을 지역은 신중히 선택해야 한다.

🔆 입지의 현실적 제약과 전략적 판단

실제로는 목표로 하는 지역에 이미 경쟁업체가 입점해 있거나, 자금 사정 등으로 인해 현재 위치를 옮기지 못하는 경우도 많다. 그러나 현재 입

---

[11] 제품이나 서비스를 시장에 성공적으로 소개하고 판매하기 위해 기업이 반복적으로 수행하는 일련의 전략적 활동 흐름으로 고객의 요구를 파악하고, 이에 맞는 가치를 제공하며, 고객과의 관계를 유지·강화하는 과정(시장조사, 전략 수립, 실행, 성과 평가, 피드백) 을 포함한다.

지가 그다지 좋지 않다고 판단된다면, "매장을 옮기지 않겠습니까?"라고 반드시 충고한다. 신규 출점을 고려 중인 경우라면 더더욱 그러하다. 가능한 포기하지 않고 이상적인 장소에 가까운 입지를 찾으려는 노력이 필요하다. 부동산 중개인의 말만을 그대로 믿어서는 안 된다.

토지나 건물은 눈에 보이는 자산이기 때문에, 클라이언트인 경영자들도 쉽게 이미지를 그릴 수 있다. 이 분야에 일가견이 있는 경영자도 있어, 입지를 둘러싼 논의가 때로는 격렬한 토론으로 이어지기도 한다. 그만큼 입지는 중요한 요소임을 인식해야 한다.

⚫⚫ 매장 조건과 지역 규제에 대한 이해

매장으로 사용할 장소를 고려할 때는 다양한 조건을 따져야 한다. 평수, 임대료는 물론이고, 지역의 주변 환경, 주차장 유무, 간판 설치 가능 여부 등도 중요하다.

일부 건물이나 지역에서는 외관 변경이 불가능하거나, 인테리어에 제한이 있는 경우도 있다. '특징적인 외관 설치는 허가를 받기 어렵다'는 제약이 있을 수도 있다. 최근에는 내부 인테리어에 제약이 많은 건물들도 늘어나고 있다.

특히 관광지를 포함한 일부 지역에서는 도시 경관을 자산으로 삼아 매우 엄격한 규제를 적용하는 경우가 있다. 간판 색상까지 제한되는 사례도 있으며, 내가 살고 있는 교토시는 그러한 규제가 특히 심하다. 이러한 정보도 사전에 정확히 수집해야 한다.

⚫⚫ 데이터와 감각을 조화시킨 최종 결정

이 외에도 자동차나 사람의 통행량 조사, 인근 역의 승차 인원 데이터 등 판단에 참고할 수 있는 정보는 다양하다. 업종에 따라 적합도를 어느 정도 수치화하여 분석하기도 한다. 그렇다고 하더라도 '스페셜(Special)', 즉 특별하거나 최고급의 부지를 확보하는 것은 현실적으로 거의 불가능하다. 대부분은 A급과 B급 사이 정도가 현실적인 목표이다. 물론 입지도 중요하지만, 전체적인 마케팅 시스템이 더 중요하기 때문에, 중상위권에 해당하는 A~B급 사이 정도의 입지라면 충분하다고 본다.

원하는 조건을 100% 만족시키는 부동산은 드물다. 따라서 해당 토지나 건물을 직접 방문하여 "이 정도라면 할 수 있겠다"는 자신감이 든다면 B급 입지라도 괜찮다. 단, 반드시 경영자 본인이 직접 현장을 답사해야 한다.

대기업처럼 매장이 수백 개가 있는 것이 아니라면, 사장이 직접 현지에 가서 부동산을 점검해야 한다. 데이터나 사진으로는 알 수 없는 요소들이 있기 때문이다. 결국 실전 감각을 중시하면서, 필요한 경우에는 타협도 감수해야 한다. 그렇게 최종 결정을 내리는 것이 바람직하다.

2

상거래를 지원하는 매장 설계가 필요하다.

●● 매장은 사원의 실전 영업장소

매장은 단순히 상품을 전시하고 판매하는 공간이 아니다. 매장은 사원의 상거래 활동과 프레젠테이션을 지원하는 실전의 무대이며, 기업의 이미지와 실력을 고객에게 직접 전달하는 장소이다.

특히 매출 100억 원을 목표로 하는 기업이라면, 더 이상 사장이 매장의 주인공이 아니다. 실질적인 주역은 현장에서 고객을 응대하고 계약을 성사시키는 영업사원이다.

예를 들어 벽지 판매 매장을 본다면, 매장은 단순한 전시장이 아니라 시공 샘플이자 실물 제안서의 역할을 한다. 고객은 매장을 방문했을 때 기대감을 품을 수도, 반대로 실망감을 느낄 수도 있다.

그렇기에 매장은 단순한 쇼룸이 아닌 거래가 이루어지는 비즈니스 현장으로 설계되어야 하며, 사원이 고객의 기대를 실현할 수 있는 환경으로 기능해야 한다.

●● 고객을 자극하는 체험 공간 설계

고객이 매장을 방문했을 때 단순히 '보는 것'에 그치지 않고, 직접 느끼고 경험하게 하는 것이 현대적 매장 운영의 핵심이다. 이는 연극 무대에 비유할 수 있다. 단순한 무대 미술이 아닌, 실제 배우가 사용하는 도구까지 세밀하게 준비해 연극을 풍부하게 만드는 것처럼, 매장 또한 체험 요소와 연출 장치가 결합되어야 한다.

예컨대, 숯 매장에서 숯의 기능을 체험할 수 있는 코너를 마련해, 고객의 휴대전화를 숯 봉투에 넣고 전파 차단 효과를 직접 보여주는 프레젠테이션은 강력한 인상을 남긴다. 이는 단순한 설명을 넘어 고객의 감각과 신뢰를 자극하며, 제품에 대한 확신을 심어준다.

이처럼 매장은 단순한 전시 공간이 아니라, 체험 기반의 프레젠테이션 영업이 펼쳐지는 현장이며, 그 경험을 통해 고객의 구매 결정을 이끌어내는 전략적 공간이 되어야 한다.

3

매장은 실적을 만드는 프레젠테이션 장소이다.

🔸🔸 프레젠테이션 환경은 설득력을 강화하는 무기다.

프레젠테이션 환경은 고객 설득의 수준을 끌어올리는 강력한 도구이다. 특히 기획 회사라면 회의실이나 매장 공간에 프레젠테이션 전용 장비와 구조를 갖추는 것이 중요하다. 예를 들어, 60인치 이상의 디스플레이, 프로젝터, 대형 스크린, 컬러풀한 벽면 구성 등을 통해 기획 내용을 시각적으로 효과 있게 전달하면, 단순한 문서 설명과는 비교할 수 없는 강한 인상과 설득력을 줄 수 있다.

이러한 환경은 단순히 장비 차원의 문제가 아니라, 노하우의 구조적 전달 수단이 되기도 한다. 예컨대, 매장 곳곳에 신입사원도 활용 가능한 '프레젠테이션 키트'를 마련해 두면, 베테랑 사원의 노하우가 자동으로 전수되는 효과를 얻을 수 있다. 실제로 이러한 방식으로 프레젠테이션 환경을 구축한 매장은 고객 반응과 매출 모두에서 탁월한 성과를 보이고 있다.

🔸🔸 구조적 환경 조성은 경영자의 핵심 책임이다.

이처럼 프레젠테이션을 뒷받침하는 환경 조성은 단순한 옵션이 아니라 경영자의 핵심적 역할이다. 많은 기업이 과거의 매장 운영 방식에 머물러 있어 이런 구조적 지원의 중요성을 간과하고 있다. 그러나 오프라인 매장이든, 온라인 환경이든, 고객과의 접점에서는 언제나 '프레젠테이션'이 이루어지고 있다는 사실은 변하지 않는다.

경험 많은 사장은 도구 없이도 영업 계약을 따낼 수 있지만, 일반 사원에게 동일한 수준의 결과를 기대하는 것은 비현실적이다. 그렇기 때문에 사원들이 기획 설명, 제안, 영업 설득을 안정적으로 수행할 수 있는 장치와 도구를 체계적으로 제공하는 것이야말로 경영자의 책임이자, 조직 성과의 기반이 된다.

✦✦ 매장의 디테일이 전체 인상을 좌우한다.

프레젠테이션 환경이 아무리 훌륭하더라도, 기본적인 디테일이 무너지면 고객의 전체 인상은 쉽게 깎인다. 그중에서도 가장 간과하기 쉬운 요소가 바로 '청결'이다. 화장실이 지저분하거나 바닥이 정리되지 않은 공간은 아무리 뛰어난 제품과 설명이 함께하더라도 고객의 신뢰를 떨어뜨린다.

이는 음식업뿐 아니라, 리테일, 서비스, 제조업 매장에도 똑같이 적용된다. "우리는 음식점이 아니니까 괜찮다"는 식의 태도는 고객에게 통하지 않는다. 청소와 정돈이 정기적이고 철저하게 이뤄지는가는 단순한 실행 문제가 아니라, 조직의 시스템과 문화, 관리 습관의 문제이다. 결국, 매장의 청결과 세부 디테일은 프레젠테이션의 신뢰도를 뒷받침하는 핵심 요소이며, 이는 전사적 운영에서 반드시 챙겨야 할 기본이다.

4

온라인 매장은 자사의 프레젠테이션 무대이다.

온라인 매장은 더 이상 단순한 판매 채널이 아니다. 기업 자체를 설명하고, 상품의 가치를 설득하며, 브랜드의 신뢰를 쌓는 '자사의 프레젠테이션 장소'로 기능해야 한다. 즉, 고객과의 첫 접점이자 가장 전략적인 커뮤니케이션 공간으로 활용되어야 한다.

⚫⚫ 온라인 매장은 '자사를 소개하는 무대'이다

기업이 고객을 어떻게 생각하는지, 어떤 철학으로 제품을 만드는지, 고객의 삶에 어떤 도움을 주고자 하는지를 가장 직접적으로 전달할 수 있는 공간이 바로 온라인 매장이다.

- 회사 소개나 연혁이 아니라, 상품 하나하나에 담긴 의도와 설계 배경을 통해 '자사는 무엇을 중시하는가?'를 보여줄 수 있다.
- 디자인, 문구, 구성 방식, 상품 배열순서까지도 고객에게 보이지 않는 메시지를 전달하는 프레젠테이션 요소가 된다.
- 예를 들어, 친환경 제품을 내세우는 기업이라면 포장 이미지, 인증 자료, 실제 사용 환경 사진 등 기업 정체성이 녹아든 콘텐츠가 온라인매장을 통해 그대로 전달된다.

⚫⚫ 온라인 매장은 '자사의 사고방식을 파는 공간'이다

고객은 단순히 상품 자체만을 보는 것이 아니라, 이 상품을 만든 회사의 철학과 품격을 함께 판단한다.

- 제품을 나열하기보다, 왜 이 제품을 만들었는지, 어떤 고객 문제를

해결하고자 했는지를 설명하는 콘텐츠가 중요하다.

- 영상, 실제 사용 사례, 비교 콘텐츠 등을 통해 고객이 "아, 이 회사는 제대로 만들었구나"라고 느끼게 만드는 것이 핵심이다.
- 이렇게 구성된 온라인 매장은 '자사 프레젠테이션을 위한 스토리텔링 공간'이 되며, 그 자체로도 강력한 영업 수단이 된다.

🌸 온라인 매장은 '사장 대신 자사를 소개하는 사람'이다

사장이 직접 고객을 만나 설명하지 않아도, 온라인 매장을 통해 자사의 가치관, 품질 기준, 문제 해결 방식이 고스란히 전달되어야 한다.

- 사장이 고객에게 설명하듯 구성된 제품 상세 페이지,
- 사장이 강조하고 싶었던 기준을 시각적으로 전달하는 배치,
- 사장의 말처럼 따뜻하고 논리적인 문구들

이런 구성 하나하나가 온라인 매장을 '사장의 입을 대신해 말하는 프레젠터'로 만들어 준다.

~ · ~

온라인 매장은 단순한 상품 판매 플랫폼이 아니라, 자사의 정체성과 철학, 가치를 설득하는 프레젠테이션 무대다.

고객이 이곳에서 자사를 처음 만나고, 신뢰하고, 구매를 결정한다는 점에서, 온라인 매장은 이제 '자사를 대표하는 장소'로 진화해야 한다.

100억 원 기업을 지향하는 조직이라면, 온라인 매장을 단순히 운영의 일부가 아닌, 전략의 최전방으로 바라보고 설계해야 한다.

Chapter
4
고객 설계

1. 매출 확대를 위한 고객 설계를 한다.

2. 고객 확보를 위한 목표를 설정한다.

3. 고객 확보의 전략 시스템을 구축한다.

1

매출 확대를 위한 고객 설계를 한다.

●● 고객 확보는 '설계'와 '수치화'로 전환되어야 한다.

10억 원대 기업이 고객 확보를 단순한 마케팅 실행이나 개인영업 차원에서 접근할 경우, 곧 한계에 직면하게 된다. 창업자가 직접 거래처를 확보하거나 기존 인맥 중심으로 유지해 온 매출 구조는 일정 시점을 지나면 병목이 되고, 결국 기업의 확장을 가로막는 요인이 된다.

이제 고객 확보는 '운'이나 '감'이 아닌, 설계된 구조로 접근해야 한다. 가장 먼저 해야 할 일은 고객 확보를 '계획 가능한 수치'로 바꾸는 것이다. 연간 매출 목표를 설정하고, 이를 달성하기 위해, 필요한 고객 수를 역산하며, 평균 객단가, 전환율, 유입률 등을 기준으로 정량적인 목표를 산출해야 한다.

또한 매출을 견인하는 고객은 단일하지 않다. 신규 고객, 재구매 고객, 소개 고객 등 다양한 유형이 존재하며, 이들의 구성 비율을 사전에 계획해 전략적으로 유도할 수 있어야 한다. 유입 이후 구매로 이어지는 흐름 또한 시나리오 기반으로 설계되어야 하며, 전환율을 높이기 위한 단계별 설득 구조 역시 체계화할 필요가 있다.

●● 반복 구매하는 집객 구조가 기업의 성장을 이끈다.

고객 확보를 마케팅 수단 자체의 효율성만으로 평가하면 오해가 발생하기 쉽다. 중요한 것은 '어떤 수단을 썼는가'가 아니라, '얼마나 반복 구매 가능한 구조인가'이다. 반복 구매 가능한 고객 확보 체계는 내부 자원의 운영

효율성과 직결되며, 업무량과 성과를 예측 가능하게 만든다.

사장이 직접 뛰는 구조는 일시적 성과는 낼 수 있지만, 조직이 스스로 매출을 만들어내는 구조로 발전하지 못한다. 따라서 누구나 사용할 수 있는 프레젠테이션 키트, 고객 대응 매뉴얼 등을 표준화하여 활용하고, 고객 유입 및 전환 패턴을 데이터로 분석해 조직 전체가 동일한 흐름으로 움직일 수 있도록 해야 한다.

이러한 집객 구조는 단순 반복이 아닌, 성장을 내재한 루틴이 되어야 하며, 내부 인력이 교체되더라도 흔들림 없이 작동할 수 있어야 한다. 즉, 고객 확보를 '사람'이 아니라 '시스템'이 수행하는 구조로 바꾸는 것이야말로 기업이 안정적으로 도약할 수 있는 핵심 조건이다.

🔴🔴 고객 확보는 인재 양성과 조직 시스템과 연결된다.

고객 확보는 단지 마케팅 팀의 과제가 아니다. 그것은 곧 인재 운영 전략과도 맞닿아 있다. 조직이 성과를 내려면 신입사원도 일정 기간 내에 실전에 투입될 수 있어야 하며, 이를 위해서는 매뉴얼, 교육 시스템, 피드백 구조 등이 정비되어 있어야 한다.

고객 확보 체계는 사원 교육과도 긴밀히 연결되어야 한다. 한 사람이 전 과정을 혼자서 감당하는 구조가 아니라, 역할이 분담되고 업무가 매뉴얼화되어 있으며, 실전 경험이 단계별로 축적될 수 있도록 설계되어야 한다.

이 모든 것은 고객 확보를 단순 실행의 반복이 아닌, 시스템화된 조직 역량으로 끌어올리는 과정이다. 고객 확보를 통해 신입사원이 성장하고, 조직이 자립적으로 성과를 만들어내는 구조가 자리 잡을 때, 기업은 더 이상 사장의 역량에 의존하지 않고도 매출을 창출하게 된다.

결국, 고객 확보를 전략화하고 시스템화하는 것은 10억 원 기업이 100억 원 기업으로 도약하기 위한 본질적인 경영 과제이며, 반복 가능하고 대체 가능한 구조를 갖추는 것이 기업의 지속 성장 기반이 된다.

2

고객 확보를 위한 목표를 설정한다.

고객 확보는 매출 목표에서 시작한다.

마케팅은 단순히 고객을 '많이' 확보하겠다는 구호로는 실행되지 않는다. 명확하고 수치화된 목표가 있어야 조직이 실제로 움직인다. 이를 위해서는 매출 목표를 기준으로 고객 확보 목표를 역산하는 것이 핵심이다.

예를 들어 월 매출 목표가 1억 원이라면, 고객 1인의 평균 구매 금액(객단가)을 기준으로 필요한 고객 수를 계산한다. 객단가가 50만 원이라면 200명의 실제 구매 고객이 필요하고, 전환율이 20%라면 약 1,000명의 유입 고객이 있어야 한다.

이처럼 매출 → 객단가 → 전환율을 바탕으로 유입 고객 수를 수치화하고, 이것이 곧 마케팅의 실행 기준이 된다.

고객 확보 목표는 채널별로 설계한다.

고객 유입 수가 산출되었다면, 이를 어떤 경로로 유입시킬지를 결정해야 한다. 블로그, SNS, 광고, 전단지, 소개 등 다양한 채널을 통해 유입 고객을 분배하고 각 채널에 구체적인 목표치를 설정한다. 채널의 성격과 과거 효과, 비용 대비 효율을 분석해 합리적인 비중으로 배분해야 한다.

또한 이 집객 활동은 단발성이 아닌 반복 가능한 구조여야 한다. 예컨대 "매주 전단지 200부 배포", "SNS 주간 포스팅 3회"처럼 지속적 실행이 가능한 계획으로 수립해야 한다. 단기성과보다 중요한 것은 매출을 안정적으로 지탱할 수 있는 반복 구조의 구축이다.

✷✷ 고객 확보는 데이터 기반으로 전략적이어야 한다.

고객 확보 목표는 한 번 정했다고 끝나는 것이 아니다. 실행 후에는 실제 성과를 바탕으로 계획을 점검하고 조정하는 작업이 반드시 필요하다. 전환율은 현실과 차이가 있을 수 있고, 채널의 유입 효과도 지속적으로 변화한다. 따라서 PDCA 사이클(Plan-Do-Check-Act)을 통해 끊임없이 목표와 전략을 조정해야 한다.

이러한 과정이 반복되면 수치는 더욱 정교해지고, 고객 확보 전략은 더욱 현실적이고 효과적인 형태로 진화한다. 결국, 고객 확보 목표는 단순한 숫자가 아니라 매출과 연결된 실행 전략이며, 조직 전체를 움직이는 경영의 핵심 도구가 된다.

3

고객 확보의 전략 시스템을 구축하자.

10억 원대 기업이 100억 원대로 도약하기 위한 고객 확보 전략 시스템의 실행 체계를 다음과 같이 정리할 수 있다.

●● 실천 가능한 고객 확보 체계 마련

고객 유입과 전환을 반복 가능한 구조로 만들기 위해서는 사장의 영업 경험이나 일부 직원의 개인 능력에 의존해서는 안 된다.

모든 구성원이 일정 수준 이상의 품질로 대응할 수 있도록 표준화된 도구와 가이드가 필수적이다.

- 프레젠테이션 키트, 상담 스크립트, 전단지 템플릿
- 제품 설명 매뉴얼, 자주 묻는 질문(FAQ) 정리본
- 채널별 콘텐츠 샘플 등 신규 직원도 즉시 활용 가능한 실무 자료

이러한 준비가 갖춰지면 '개인의 감각'이 아닌, '조직의 시스템'이 고객 확보를 수행하게 된다.

●● 고객 확보 과정을 사원 육성의 현장으로 활용

고객 확보는 단지 외부 마케팅이 아닌, 사원 교육과 실전 훈련의 장이 되어야 한다.

신입과 기존 직원이 모두 유입과 전환 과정에 참여하고 성장할 수 있도록, 교육 시스템과 유기적으로 연결한다.

- 입사 시 고객 대응 매뉴얼 교육

- 주간·월간 피드백을 통한 실적 분석 훈련
- 유입 목표 부여 및 팀 단위 실적 관리 체계 구축

이러한 구조는 고객 확보를 전 직원의 학습과 실행의 장으로 전환시키며, 조직 전체의 실행력을 끌어올린다.

⠿ 고객 확보를 성과 평가와 보상 체계 연결

고객 유입 수, 전환율 등은 단순한 마케팅 지표가 아니라 조직 전체의 성과 지표가 되어야 한다.

이를 평가 및 보상 체계와 연결함으로써 실행의 지속성과 몰입도를 높일 수 있다.

- 유입 목표 달성률 → 팀 성과급 기준 반영
- 고객 전환율 → 개인 KPI로 설정
- 신규 고객 확보 실적 → 승진 또는 인센티브 평가 항목 포함

이와 같은 연계는 고객 확보를 '마케팅 부서의 업무'에서 '전사적 목표'로 확대하며, 실질적인 실행 성과로 이어지게 만든다.

~ · ~

이처럼 도구, 교육, 보상의 세 가지 축이 유기적으로 연결될 때, 고객 확보는 전략이자 시스템이며, 실행 가능한 조직의 역량으로 자리잡게 됩니다.

Chapter
5
영업 설계

1. 사장의 영업 기술을 시스템화 한다.

2. 어프로치 북과 영업 가이드로 전수한다.

3. 상품 견적은 시스템으로 지원한다.

4. 고객 선택의 전략을 설계한다.

1

사장의 영업 기술을 시스템화한다.

🌑 사장의 영업 기술을 구조화한다.

10억 원대 기업이 100억 원대로 도약하기 위해, 반드시 필요한 첫걸음은 사장의 암묵적 지식(영업 기술)을 조직이 실행할 수 있는 구조화된 시스템으로 전환하는 일이다. 사장의 영업력은 종종 자연스럽게 습득된 것이기 때문에 이를 문서화하거나 전달하는 데 어려움이 많다.

하지만 100억 원을 목표로 한다면, 사장이 직접 나서는 영업 방식은 더 이상 지속 가능하지 않으며, 이를 사원들에게 전이할 수 있는 구조를 만들어야 한다. 핵심 인재에 의존하지 않고, 평균적 역량을 가진 사원이라도 성과를 낼 수 있는 영업 시스템이 요구된다. 즉, '누구라도 팔 수 있는 구조'를 만드는 것이 사장의 역할이며, 이것이 급성장에 필요한 실행 기반이다.

🌑 영업 기술 구조화의 핵심은 2가지다.

영업 구조화의 핵심은 두 가지이다.
① 영업사원이 활용할 수 있는 구체적 기술을 담고,
② ①을 시스템에 의하여 현장 교육을 병행하는 것이다.

구체적으로는 프레젠테이션 키트, 매장 구성, 응대 스크립트, 상담 흐름도 등을 개발하고, 신입사원이 바로 활용할 수 있는 실전형 도구로 제공해야 한다. 이와 병행하여 1~3개월 이내에 현장 투입이 가능하도록 교육 시스템도 마련해야 한다.

이 구조는 단지 하위 성과자를 위한 것이 아니라, 능력 있는 영업사원에게도 더 빠른 성과를 가능하게 하는 효율적 환경이 된다. 구조화는 사원의 역량을 키우고, 결과적으로 조직 전체의 영업력을 끌어올리는 조직 진화의 핵심 도구가 된다.

⚫⚫ 잘 설계된 영업구조는 영업의 철학을 만든다.

구조화된 영업 시스템은 단순히 매출을 올리는 도구를 넘어, 사장의 철학과 브랜드 정체성을 고객에게 전달하는 채널로 발전해야 한다.

기업이 성장하면 사장은 모든 고객을 직접 대면할 수 없고, 고객은 이제 사원이란 '창구'를 통해 회사를 접하게 된다. 이때 잘 설계된 영업구조는 사원의 행동 하나하나에 사장의 철학과 가치관이 스며들도록 만드는 장치가 된다.

사장은 과거에 자신이 현장 영업하며 쌓아온 자부심을 조직 내에서 프레젠테이션, 교육, 시스템으로 구체화하고 사원에게 전수해야 하며, 이것이 브랜드로 이어진다.

사원의 처지에서도 '사장을 대신해 고객과 마주한다'라는 인식을 갖게 되며, 단순한 판매자가 아니라 브랜드의 전달자이자 전도사로 기능하게 된다.

2

어프로치 북과 영업 가이드로 전수한다.

●● 「기술」이 아닌 구조화 「도구」로 만든다.

기업이 성장하면서 먼저 직면하는 과제 중 하나는, 사장의 감각과 경험에 의존해 운영되던 영업 방식을 누구나 실천할 수 있는 구조로 전환하는 것이다.

이는 단순히 업무를 위임하는 수준을 넘어, 조직 전체가 동일한 언어와 방식으로 움직일 수 있는 체계를 갖추는 과정이다. 특히 영업 활동은 고객과의 접점에서 직접적인 성과로 이어지기 때문에, 이 영역의 시스템화는 기업의 지속 성장 가능성과 직결된다.

사장의 경험을 '기술'이 아닌 '구조화 도구'로 바꾸는 이 작업이야말로, 조직화의 본질이자 성장을 위한 핵심 과제다.

●● 두 가지 구조화된 핵심 도구

사장의 영업 기술을 구조화된 도구의 대표적인 두 가지가 있다.

첫째는 어프로치 북(Approach Book)으로, 회사의 철학, 제품 정보, 고객 사례, 경쟁 우위 요소 등을 체계적으로 정리한 고객 접근용 안내서다. 영업사원이 고객을 만날 때 신뢰를 얻을 수 있도록 도와주는 '회사 소개서 이상의 전략 도구'로 기능하며, 기업의 강점을 설득력 있게 전달할 수 있도록 구성된다.

둘째는 영업 가이드(Sales Guide)로, 실제 상담 흐름, 고객의 반응에 따른 말하기 전략, 반론 대응 방식, 제안 절차 등을 담은 현장 실행 중심 매뉴얼이다. 이는 단순한 시나리오가 아니라, 다양한 상황에 대처할 수 있는 판단 기준과 응대 패턴을 내포하고 있어 신입사원도 실전에 즉시 투입될 수 있는 토대를 마련한다.

●● 구조화된 도구는 영업 시스템으로 작동한다.

이 두 도구의 핵심 가치는, 영업 활동의 일관성과 재현성 확보에 있다. 기존에는 숙련자만 가능했던 고객 응대나 계약 유치 과정을, 이제는 평균적인 역량을 가진 사원도 성과를 낼 수 있는 체계로 구현할 수 있다.

단순한 교육 콘텐츠를 넘어, 기업 전반의 영업 활동을 정렬시키는 공통 언어와 행동 기준이 되는 것이다.

이는 일회성 교육을 넘어선, 조직 전체가 '팔 수 있는 힘'을 내재화하는 시스템이다. 영업 담당자가 바뀌더라도 성과가 유지될 수 있는 지속성과, 조직 전체가 빠르게 성과를 낼 수 있는 속도감을 동시에 확보하게 된다.

결국 이 시스템은 기업의 성장 범위와 속도를 실질적으로 확장하는 동력으로 작용하게 된다.

3

상품 견적은 시스템으로 지원한다.

❖❖ 견적 시스템은 매출 확대의 기반이다.

10억 원대 기업이 100억 원대로 도약하기 위해서는 '상품 견적 체계'를 시스템화하는 작업이 필요하다. 특히 서비스, 용역, 광고, 건축 등 무형의 상품을 다루는 업종은 완성품 없이 상담이 이뤄지므로, 견적 기준이 모호하고 고객과의 오해 발생 가능성도 높다.

이는 특히 신입 영업사원에게 큰 부담으로 작용하며, 자칫 가격 산정 오류나 신뢰 저하로 이어질 수 있다. 따라서 모든 사원이 일정한 기준에 따라 대응할 수 있도록 명확한 견적 산출 기준과 일관된 견적 논리를 갖추는 것이 중요하다.

이 작업은 단순한 가격 계산의 문제가 아니라, 예측 가능하고 신뢰받는 기업으로 성장하기 위한 기반 설계이다.

❖❖ 견적 시스템은 영업력을 향상한다.

견적 시스템은 영업사원이 혼자 계산하고 판단하는 방식이 아니라, 회사가 제공하는 템플릿, 계산 도구, 상담 기준표 등을 기반으로 견적을 일관되게 제시할 수 있도록 설계해야 한다.

예를 들어, 용역 서비스의 경우 상담 항목별 시간 단가와 인력 배치 기준이 설정된 '견적 산출표'를 제공하거나, 건축 광고 업종이라면 자주 사용되는 자재, 인쇄 사양, 제작 기간별 기준 단가를 표준화해 제공해야 한다.

이러한 시스템화된 견적 지원은 다음과 같은 효과를 가져온다.

- 신입사원도 빠르게 현장 대응 가능
- 고객에게 일관되고 신뢰 있는 인상 제공
- 상호 오해나 분쟁 소지를 줄이고 계약 전환율 제고
- 사장이 아닌 조직 전체가 견적 대응 가능하도록 전환

견적 시스템은 단순히 '계산을 쉽게 하는 도구'가 아니라, 회사 전체의 영업 품질과 전문성을 일정 수준 이상으로 유지하게 해 주는 영업 운영의 핵심 자산이다.

4

고객 선택의 전략을 설계한다.

❖❖ 고객을 선택하는 전략

기존의 영업 방식은 '모든 고객은 소중하다'는 전제 위에 세워졌지만, 100억 원 기업을 지향하는 기업이라면 모든 고객을 상대하지 않는 용기가 필요하다.

실제 사업 환경에서는 상권, 접점 가능성, 자원 제약 등으로 인해 대응할 수 있는 고객의 수가 제한되어 있다. 또한 모든 고객이 반드시 우리에게 도움이 되는 것도 아니다.

따라서 중요한 것은 '모두를 고객화하는 것'이 아니라, 진짜 고객을 선별하고 집중하는 전략으로 영업 방식을 전환하는 것이다. 이는 단순한 영업 테크닉이 아니라, 조직 전체가 공유해야 할 전략적 사고이자 인식의 전환이다.

▶ 핵심포인트
- 모든 고객을 상대하지 않는 전략적 선택과 집중이 필요
- 제한된 자원 안에서 실질적 도움이 되는 '진짜 고객'을 선별해야 함
- 영업은 기술이 아닌, 조직 전체가 공유해야 할 전략적 사고방식

❖❖ 우량고객에 집중한다.

기존고객 리스트를 자세히 검토하면, 실제로는 우량고객이 아닌 과도한 요구, 낮은 성과, 반복된 클레임, 거래 의지 부족 등의 특성을 가진 고객이

다수 포함된 경우가 많다. 이제는 '모든 고객을 관리하는 방식'에서 '선택과 집중'의 방식으로 영업 체제를 재구성해야 한다.

무리하게 관계를 유지하기보다는, 오히려 진정한 고객, 즉 우리 상품을 오래 애용하고, 좋은 평판을 전파하며, 건설적 상호작용이 가능한 고객—과의 커뮤니케이션에 집중할 수 있는 시스템을 만들어야 한다.

이를 위해서는 마케팅, 고객 관리, 고객 유입 부문과의 연계 속에서 고객 유형을 조기에 판별하고, 불필요한 자원 낭비를 차단하는 내부 프로세스가 마련되어야 한다.

▶ 핵심포인트
- 비우량 고객을 구분하고 '선택과 집중의 영업 체제'로 전환 필요
- 진정한 고객과의 관계 강화에 집중하는 커뮤니케이션 구조 구축
- 고객 유형을 조기에 판별하고 자원 낭비를 차단하는 내부 프로세스 마련

⠿ 전략적 고객 선택을 비즈니스 모델로 설계

고객을 '선택'하는 전략은 단지 영업 부서의 실행 이슈가 아니라, 기업 전체의 경영전략이자 비즈니스 모델 차원의 설계 과제이다.

"불량 고객과 거래하지 마라"는 지시만으로는 실현되지 않으며, 그 대안으로 '신뢰할 수 있는 고객 리스트'를 시스템적으로 제공하는 지원 체계가 반드시 필요하다.

영업과 고객 확보 부문은 기능상 분리되어 있을 수 있지만, 고객을 대응하는 방식과 흐름은 하나의 유기적 구조로 연결되어야 한다.

결국 100억 원 기업이 되기 위해서는 전사적인 고객 전략을 수립하고, 고객의 선별 · 전달 · 영업 대응이 매끄럽게 이어지는 통합적 운영 구조를

갖추어야 한다. 이것이 진정한 기업다운 구조이며, 무리한 성장을 넘어 지속 가능한 매출 구조를 만들어가는 핵심 조건이다.

▶ 핵심포인트
- 고객 선택은 영업 실행이 아닌 전사적 경영전략 차원의 설계 과제
- 신뢰할 수 있는 고객 리스트를 제공하는 시스템적 지원 체계 필요
- 고객 선별 → 전달 → 대응이 유기적으로 연결된 통합 운영 구조 구축

Chapter
6
실행 설계

1. 사원에게 위임하고 통제하지 않는다.

2. 사원의 업무 수행 방식을 제한하지 않는다.

3. 사원의 업무 수행에는 클레임이 발생한다.

4. 사원의 성과가 부족해도 끝까지 맡긴다.

1

사원에게 위임하고 통제하지 않는다.

☷ 위임하고 통제하지 않는다.

10억 원대 기업의 사장은 오랜 기간 직접 영업과 현장 업무를 수행해 온 경우가 많아, 일을 위임하는 데 익숙하지 않다. 특히 기술 중심 업종의 경영자는 완벽주의적 성향으로 인해 현장에 과도하게 개입하고, 사소한 업무까지 직접 간섭하게 되는 경향이 있다.

이러한 행동은 위임이 아니라 통제에 가깝고, 결과적으로 사원의 자율성과 책임감을 저해한다.

영업뿐 아니라 계약 후 납품, 고객 대응 등 실무 전반에 걸쳐 사장이 사원의 업무를 대리하게 되면, 조직은 개인 의존적이 되고 확장 가능성을 잃는다. 사장이 직접 하지 않으면 일이 돌아가지 않는 구조는 성장을 가로막는 병목이 된다.

▶ 핵심포인트
- 사장의 과도한 개입은 위임이 아닌 통제로, 사원의 자율성과 책임감 저해
- 영업 · 납품 · 고객 대응까지 사장이 대리하면 조직은 개인 의존형으로 고착화

☷ 위임은 기술이고, 코칭은 그 해법이다.

업무 위임은 단순히 '맡기는 것'이 아니라, 기술이자 경영자의 성장 과제

다. 위임의 핵심은 '지시'가 아니라 '코칭'이며, 이는 사원의 자기 사고 능력과 실행력을 길러주는 과정이다.

코칭은 정답을 주는 것이 아니라 질문을 통해 스스로 답을 찾게 만드는 방식이다. 이를 통해 사원은 단순 수행자가 아닌 주체적 문제 해결자로 성장할 수 있다.

또한 사장이 자신의 방식만을 절대화하면, 사원은 창의성과 판단력을 잃고, 지시만 기다리는 조직 문화가 형성된다. 실제 고객의 기대나 상황은 다양하기에, 사원의 방식이 고객에게 더 적합할 수도 있다. 사장은 변화하는 현장의 새로운 비즈니스 방식을 인정하고 수용하는 자세를 가져야 한다.

▶ 핵심포인트
- 위임은 지시가 아니라 코칭이며, 경영자의 핵심 성장 과제
- 코칭을 통해 사원을 주체적 문제 해결자로 성장시켜야 함

🔶 위임의 방식은 순차적으로 한다.

기업이 100억 원대로 도약하기 위해서는 사장의 손에서 현장을 떼어내는 위임 구조가 필요하다. 중요한 것은 전면 위임이 아니라, 업무 흐름 중 일부 포인트부터 순차적으로 맡기며 서서히 손을 놓는 방식이다.

신입사원의 경우는 단순 업무부터 빠르게 현장 투입하여 실제 경험을 통해 성장할 기회를 주어야 한다. 실패는 불가피하지만, 초기 단계의 실수는 학습비용으로 받아들이는 유연함이 필요하다.

무조건적인 위임이 아니라, 채용과 교육 시스템을 병행하며 빠르게 맡기고, 정확하게 코칭하는 구조를 갖추는 것이 핵심이다.

이는 단기적으로는 위험 부담이 있지만, 중장기적으로는 조직 자립성과 인적 자원의 성장, 나아가 100억 원 기업의 기반을 마련하는 결정적 요소

가 된다.

▶ 핵심포인트
- 전면 위임이 아닌, 핵심 사항부터 단계적으로 손을 놓는 구조 필요
- 신입사원에게 빠르게 경험 기회를 주고, 초기 실수는 학습비용으로 수용

2

사원의 수행 방식을 제한하지 않는다.

❖❖ 과제는 명확히 주되, 방법은 제한하지 않는다.

현장 영업과 업무 수행의 코칭은 사원에게 맡길 과제를 명확히 제시하는 것이다. 이때 중요한 점은 '무엇을 해야 하는가?'를 분명히 하되, '어떻게 할 것인가'에 대해서는 구체적인 지시를 하지 않는 것이다.

예를 들어 "납품 일정 조정과 업무 스케줄표를 만들어 보세요"는 식으로 과제의 목표와 결과물을 분명하게 전달한다. 그러나 그 과정을 어떻게 설계할지에 대해서는 사원 스스로 고민하도록 여지를 남겨두는 것이 좋다. 이 과정을 통해 사원은 스스로 판단하고 기획하는 능력을 키울 수 있으며, 창의성과 책임감 또한 함께 길러진다.

처음부터 모든 것을 정해주고 따라오게 하는 방식은 단기적으로는 빠른 결과를 가져올 수 있지만, 장기적으로는 자율성과 문제 해결력을 약화시킬 수 있다. 따라서 업무의 기준점은 제시하되, 세부적인 접근 방식은 스스로 생각하게끔 하는 것이 실질적인 코칭의 시작이라 할 수 있다.

이는 사원이 주도적으로 일하는 습관을 들이고, 자신의 방식으로 결과를 도출해 내는 경험을 축적하는 데 중요한 역할을 한다.

▶ 핵심포인트
- 과제는 명확히 제시하되, 실행 방식은 사원에게 맡긴다.
- 스스로 판단하고 기획하게 함으로써 창의성과 책임감을 기른다.
- 자율적 문제 해결 경험을 축적하게 하는 것으로 코칭한다.

▷ 예시:
• "A 고객사의 납품 일정을 조정해서 스케줄표를 한 장 만들어 보세요. 단, 고객 입장과 회사 일정을 모두 고려해야 합니다."
▷ 포인트:
• 과제의 목적은 명확히 전달하되, '어떻게 하라'는 구체적 방법은 제시하지 않아야 한다. 스스로 판단하고 기획해 보도록 유도한다.

●● 업무 수행에 도움이 되는 자료를 제공한다.

업무를 맡길 때 사원에게 완전히 백지 상태에서 시작하게 하면 불필요한 시간 소모와 시행착오가 발생하기 쉽다. 아무런 참고 없이 처음부터 모든 것을 스스로 구성하려다 보면 방향을 잘못 잡을 수 있고, 비효율적인 방식에 빠져들 가능성도 크다.

따라서 과제를 맡길 때는 단순히 "해봐"라고 지시하기보다는, 과거 유사한 업무의 사례나 기본이 되는 참고 자료, 견본(템플릿)을 함께 제공하는 것이 효과적이다.

이는 사원에게 일정한 기준과 감각을 제공하고, 과제를 수행하는 데 있어 기초적인 틀을 잡아줄 수 있는 실질적인 도움을 준다. 예컨대 납품 일정표를 작성하도록 지시했다면, 예전에 사용했던 일정표나 다른 팀원이 만든 견본을 함께 건네주는 것이다.

이 자료는 그대로 따라 하라는 의미가 아니라, 방향을 설정하고 판단할 수 있는 출발점을 제공하는 역할을 한다.

이러한 방식은 지식경영에서 말하는 '암묵지를 형식지로 전환하는 기술'로서, 경험 기반의 노하우를 공유하는 대표적인 방법이기도 하다. 참고 자료가 있으면 사원은 기존 자료를 분석하고, 이를 바탕으로 자신의 판단을 더해 결과물을 만들어낼 수 있다. 단순 모방이 아닌 '응용'을 통해 실무 능력을 키울 기회를 제공하는 것이다.

결국 중요한 것은, 사원이 스스로 해보는 경험을 하되, 혼자 허우적대지 않도록 출발선에서 방향을 잡아주는 것이다. 이러한 지원은 사원에게 안정감과 자신감을 주며, 동시에 시행착오를 줄이고 업무의 완성도를 높이는 데 크게 기여한다.

▶ 핵심포인트
- 과제 부여 시 유사 사례나 참고 자료를 함께 제공해 방향을 제시한다.
- 암묵지를 형식지로 전환해 사원이 응용하고 판단할 수 있는 기반을 마련한다.

> ▷ 예시:
> - "이전에 B 프로젝트에서 만든 스케줄표가 있으니 한번 참고 해봐. 단, 이번 건은 고객이 더 까다로우니까 그대로 복붙은 안 돼."
> ▷ 포인트:
> - 백지상태에서 시작하면 좌절하거나 너무 느려질 수 있으니, 방향을 잡을 수 있는 틀은 제공한다.

✸✸ 피드백은 빠르게, 간섭은 최소화하기

업무를 맡긴 뒤에는 반드시 결과에 대한 피드백이 뒤따라야 한다. 피드백은 사원이 자신의 업무 성과를 객관적으로 돌아보고 개선점을 발견하는 데 중요한 역할을 하며, 신속할수록 효과가 크다.

사원이 작업을 마쳤을 때, 일정 기간이 지난 후가 아니라 가능한 한 빠르게 피드백을 주어야 업무의 흐름과 판단 과정을 명확히 기억하고 있을 때 바로잡을 수 있다. 이 시점에서의 피드백은 단순한 수정 지시가 아니라, 학습 기회로 작용한다.

그러나 주의해야 할 점은 지나친 간섭은 금물이라는 것이다. 피드백 과정에서 사장이 지나치게 개입하거나, 세부적인 방식까지 수정하려 들면 사원은 자율성을 잃고 위축되기 쉽다. 특히 결과물을 전면적으로 고쳐주거나, 본인이 직접 다시 처리하는 방식은 사원의 책임감을 약화시키고, 스스로 문제를 해결할 기회를 빼앗는 결과를 낳는다.

피드백의 목적은 완벽한 결과를 만드는 것이 아니라, 사원이 스스로 부족한 부분을 인식하고 성장하도록 돕는 것에 있다. 예컨대 "전체적인 흐름은 좋지만, 이 부분은 고객 요구 사항을 좀 더 반영해 보는 게 어땠을까요?"처럼, 보완이 필요한 지점을 짚어주되, 사원이 스스로 개선책을 고민할 수 있도록 유도하는 것이 이상적이다.

이러한 방식은 신뢰를 바탕으로 한 코칭의 핵심이다. 빠르고 정확한 피드백은 사원의 성장 속도를 높이되, 최소한의 간섭으로 자율성과 책임감을 유지해 준다. 결과적으로 사원은 자신이 실무의 주체라는 인식을 갖게 되며, 조직은 학습하는 건강한 업무 문화를 만들어 갈 수 있다.

▶ 핵심포인트
- 피드백은 신속할수록 효과적이며, 사원의 학습 기회로 작용해야 한다
- 지나친 간섭은 자율성과 책임감을 저해하므로, 최소한의 개입이 원칙

- 피드백의 목적은 완벽이 아니라 성장을 돕는 것이며, 사원의 주도성을 유도해야 한다.

질의를 유도하는 대화 하기

사원을 성장시키는 데 있어 가장 효과적인 방법의 하나는 정답을 직접 알려주는 것이 아니라, 질문을 통해 스스로 생각하게 만드는 것이다. 이는 단순한 지시나 설명보다 훨씬 깊은 학습을 유도하며, 스스로 문제를 인식하고 해결책을 찾아가는 능력을 키우는 데 큰 도움이 된다.

질문 중심의 대화는 코칭의 핵심이자, 자율성과 주도성을 기르는 가장 실천적인 방법이다.

예를 들어, 사원이 작성한 기획서에 부족한 점이 있을 때 "여기 틀렸으니 이렇게 고치세요!"라고 하기보다는, "이 문안이 고객에게 어떤 가치를 줄 수 있을까요?", "이 일정으로 진행하면 어떤 문제가 생길 수 있을까요?", "만약 고객이 다른 조건을 제시한다면 어떻게 대응할 수 있을까요?"처럼 생각을 확장시키는 질문을 던지는 것이 효과적이다.

이런 질문은 사원이 단순한 업무 수행자가 아니라 스스로 판단하고 책임지는 '의사결정자'로 성장할 수 있도록 도와준다.

▷ 예시:
- "이 일정대로 진행하면 어떤 문제가 생길 수 있을까요?"
- "고객이 만약 이 날짜에 불만이면 대안으로 정한 날은 언제이지요?"
▷ 포인트:
- 정답을 말해주기보다, 질문을 통해 스스로 생각하게 한다. 이 과정을 통해 '판단력'이 길러집니다.

질문은 곧 사원의 사고를 자극하는 도구이며, 동시에 사장이 무엇을 중요하게 생각하는지 자연스럽게 전달하는 수단이기도 하다. 특히 경험이 부족한 직원은 정답을 주면 거기서 멈추지만, 질문을 받으면 고민하고 탐색하게 된다. 처음에는 어색하고 시간이 걸릴 수 있지만, 반복될수록 사원은 자신만의 문제 해결 프레임을 갖추게 된다.

결국 질문 중심의 대화는 사원의 사고력을 끌어올리고, 스스로 해답을 찾아가는 학습과 성장의 구조를 만드는 것이다. 이는 단기적인 업무 성과보다 장기적인 인재 육성 측면에서 훨씬 강력한 리더십 방식이며, 생각하는 인재를 조직에 늘려가는 중요한 실천 전략이 된다.

▶ 핵심포인트

- 정답 제시보다 질문을 통해 스스로 생각하게 하는 것이 더 깊은 학습을 유도함
- 질문 중심의 대화는 사고력과 주도성을 키우는 코칭의 핵심 방법
- 질문은 사원을 단순 수행자에서 '의사결정자'로 성장시키는 실천 전략

결과보다 과정을 점검하며 칭찬과 인정하기

업무를 맡긴 뒤에는 단순히 결과만 평가하지 말고, 그 결과에 이르기까지의 과정에 주목하고 그 노력을 인정하는 태도가 중요하다. 사원이 스스로 계획하고 실행한 모든 과정은 그 자체로 귀중한 학습이며, 성과 못지않게 평가받아야 할 대상이다.

특히 처음으로 어떤 업무를 맡은 경우에는 결과가 다소 부족하더라도, 그 과정 속에서 보여준 고민, 시도, 개선 노력 등을 구체적으로 짚어 칭찬해 주는 것이 사원의 자신감과 동기를 크게 높인다.

예를 들어, 납품 일정표를 작성하는 과제를 맡겼을 때 완성도가 다소 떨어질 수 있다. 하지만 스스로 고객의 요청을 정리하고, 사내 일정을 조율해 보려 한 흔적이 보인다면 "전체 흐름은 훌륭했어. 고객 입장을 고려해서

일정에 반영하려 했던 부분이 특히 좋았어"라고 구체적으로 칭찬해주는 것이 바람직하다. 이는 단순한 칭찬을 넘어 사원이 무엇을 잘했고, 그 점이 왜 중요한지를 인식하도록 돕는 피드백이 된다.

> ▷ 예시:
> - "전체 흐름을 혼자서 고민해서 잡은 건 정말 잘했어. 지금은 완성도가 조금 떨어져도 이런 시도가 중요해."
> ▷ 포인트:
> - 결과만 평가하지 말고, 과정에 대한 노력을 인정해줘야 자율성과 자신 감이 생깁니다.

사람은 자신의 노력을 정당하게 인정받을 때 자발적으로 더 좋은 결과를 만들어내려는 의욕이 생긴다. 반대로 결과만을 평가받으면 사원은 실수를 두려워하게 되고, 시도와 도전을 꺼리게 된다. 특히 완벽하지 않은 초기 시도에 대해 무시하거나 지적만 한다면, 그 사원은 앞으로 주도적으로 행동하려 하지 않을 것이다.

결과보다 과정을 점검하며 칭찬하고 인정하는 태도는 단순한 인간적인 배려를 넘어서, 조직 내에서 실험과 도전이 가능하게 만드는 분위기를 조성하는 실천 전략이다. 그렇게 만들어진 문화 속에서 사원은 더 적극적으로 생각하고 행동하며, 실패하더라도 다시 일어설 수 있는 회복 탄력성을 갖춘 인재로 성장하게 된다.

▶ 핵심포인트
- 결과뿐 아니라 과정과 노력에 주목하고 구체적으로 인정하는 피드백이 중요
- 사원의 고민과 시도에 대한 긍정적 평가가 자신감과 동기를 높임
- 과정을 인정하는 문화가 도전과 실험을 장려하고 회복 탄력성을 키운다.

❖ 보고와 공유에 관하여 습관 들이기

사원이 일을 잘 수행하기 위해서는 단순히 과제를 완수하는 것만으로는 충분하지 않다. 진행 상황과 결과를 적절하게 보고하고, 관련 정보를 팀과 공유하는 습관을 들이는 것 역시 매우 중요하다. 이는 조직 전체의 효율성과 협업의 질을 좌우하는 핵심 요소이며, 경영자의 입장에서는 사원의 업무를 객관적으로 파악하고 적시에 지원하거나 조정할 수 있는 중요한 기초 자료가 된다.

사실 보고·연락·상담(이른바 '보고체계')은 사회인의 기본 중 기본이라 말하지만, 의외로 이를 제대로 실천하는 사람은 많지 않다. 특히 신입사원이나 경험이 적은 직원일수록 '무엇을, 언제, 어떻게' 보고해야 하는지 감을 잡지 못하는 경우가 많다. 따라서 단순히 "일보를 써라"라고 말하기보다는, 보고 내용의 예시나 견본을 함께 제공하고, "어떤 정보가 위쪽에서 알고 싶은 내용인지"를 설명해주며 체계적으로 가르치는 것이 필요하다.

예를 들어, "이 업무는 고객과의 소통이 중요한 부분이니, 매일 어떤 반응이 있었는지 간략하게라도 일보에 남겨줘"라고 말하며, 작성 예시를 함께 보여주는 것이다. 사원은 위에서 어떤 정보를 중요하게 여기는지를 스스로는 잘 알지 못하므로, 사장이 경험을 바탕으로 구체적인 기준을 내려주는 것이 중요하다.

> ▷ 예시:
> - "이 업무 마치고 나면 일보에 간단히 기재해서 공유해줘. 누가 봐도 진행 상황을 알 수 있도록."
> ▷ 포인트:
> - 업무 결과나 진행을 문서화하고 공유하는 습관을 들이게 하면, 자기 점검 능력이 생깁니다.

또한, 보고는 단순히 '업무를 마친 뒤'에만 하는 것이 아니라, 과정 중에도 상황을 공유하는 방식으로 습관화되어야 한다. 그래야 문제가 생겼을 때 빠르게 파악하고 대응할 수 있으며, 조직 내부의 정보 단절이나 책임 회피도 방지할 수 있다.

보고와 공유는 사소한 일처럼 보일 수 있지만, 이것이 생활화된 조직은 신뢰와 협업의 기반이 탄탄하게 형성되며, 전체 업무의 생산성과 리스크 관리 능력이 크게 향상된다. 그러므로 경영자는 사원이 보고의 필요성과 방법을 이해하고, 이를 실천할 수 있도록 초기부터 지속적으로 코칭하고 문화로 정착시켜야 한다.

▶ 핵심포인트
- 보고·공유는 협업과 경영 판단의 기반이 되는 필수 업무 습관
- 신입사원에게는 보고의 목적, 시점, 형식 등을 구체적으로 교육해야 함
- 보고는 결과뿐 아니라 진행 중에도 이뤄져야 하며, 조직 내 신뢰와 리스크 관리의 핵심 요소

실패를 허용하되, 반복하지 않게 하기

사원에게 업무를 맡기는 과정에서 실패는 피할 수 없는 자연스러운 현상이다. 오히려 실패 없이 성장하는 사람은 없다. 따라서 경영자나 관리자는 처음의 실패를 두려워하지 말고 기꺼이 허용하는 자세를 가져야 한다. 실패를 통해 배우는 것이야말로 사원이 실력을 갖춘 인재로 성장하는 데 있어 가장 강력한 학습 기회이기 때문이다.

그러나 중요한 것은 같은 실패가 반복되지 않도록 하는 지도 방식이다. 실수를 허용하되, 그것을 분석하고 다음에 반복하지 않도록 피드백을 제공하는 것이 핵심이다.

예를 들어, 사원이 고객 대응 과정에서 실수를 했다면, 단순히 "다음부터 조심해"라고 말하는 데서 끝낼 것이 아니라 "무엇이 원인이었는지?", "앞으로 비슷한 상황이 온다면 어떻게 대응할 수 있을지?"를 함께 고민하게 해야 한다. 이렇게 하면 실수가 반복되지 않을 뿐 아니라, 사원 스스로 문제 해결력을 갖추게 된다.

> ▷ 예시:
> - "이번 실수는 괜찮아. 다음번에는 어떻게 하면 예방할 수 있을까?"
> ▷ 포인트:
> - 실수를 성장의 기회로 연결하되, 같은 실수를 반복하지 않도록 원인을 함께 찾는다.

▶ **핵심포인트**
- 실패는 사원의 성장 과정에서 불가피하며, 가장 강력한 학습 기회
- 동일한 실패가 반복되지 않도록 원인 분석과 피드백이 반드시 필요
- 실수를 함께 되짚고 대응 방안을 고민하게 하여 문제 해결력을 키운다

3

사원의 업무 수행에는 클레임이 발생한다.

◦◦ 클레임 발생은 성장의 일부이다.

 사원에게 업무를 맡기면 클레임[12]은 필연적으로 발생한다. 이는 사장이 혼자 일할 때는 경험하지 못했던 문제일 수 있다. 하지만 이러한 문제를 두려워하거나 회피한다면, 기업은 10억 원대 매출에서 더 이상 성장할 수 없다. 클레임을 감수하고 견디는 인내가 있어야 변화와 성장이 가능하다.

 실제로 발생하는 클레임의 대부분은 상품 자체의 문제가 아니라, 고객 응대 미숙, 즉 사원의 경험 부족이나 불안정한 대처에서 비롯된다. 이는 학습과 적응을 통해 충분히 개선 가능한 영역이다. 처음에는 당연히 실수가 따르지만, 이 과정을 거쳐야 사원도 현장 대응 능력을 키울 수 있다.

 클레임이 발생할 때마다 사장이 나서서 문제를 해결하면, 사원은 성장의 기회를 잃게 된다. 결국, 클레임을 스스로 해결해본 경험이 없는 사원은 자율성과 문제 해결 능력을 갖출 수 없고, 사장이 계속해서 현장에 개입할 수밖에 없는 악순환이 이어진다.

 사원이 클레임을 처리하는 능력을 키우도록 신뢰하고 실패를 허용하는 구조를 갖추는 것이, 결국 조직의 자립성과 장기적인 성장의 핵심이다.

▶ 핵심포인트
- 클레임은 사원을 통해 발생하는 자연스러운 현상이며, 성장을 위한 통과의례

---

[12] 클레임(claim)은 계약이나 법률 관계에서 발생하는 권리를 주장하거나, 이의를 제기하고 그에 대한 보상이나 해결을 요구하는 것을 의미한다.

- 사장이 개입하기보다 사원이 스스로 대응하고 학습할 기회를 주는 것이 중요
- 실패를 허용하고 신뢰를 바탕으로 대응 역량을 키워야 조직의 자립 성과 지속 성장이 가능

클레임은 공유해야 성장한다.

클레임을 숨기지 않고 조직적으로 공유하는 것이 중요하다. 문제를 은폐하려 하면 더 큰 리스크로 이어지며, 클레임 자체를 없애는 것보다 사전에 방지하고 반복을 줄이는 시스템을 갖추는 것이 바람직하다. 클레임이 발생했을 때는 정직하게 인정하고 대응해야 하며, 사장이 직접 개입하기보다는 조직 내 처리 역량을 강화해야 한다. 일부 고객을 잃더라도 사업 모델이 견고하다면 경영에는 큰 영향을 주지 않는다.

100억 원 규모의 기업을 만들기 위한 설계도는 사원 개개인의 특별한 재능에 의존하지 않는 기업 구조를 만드는 것이다. 즉, 특정 인물의 역량이나 우연한 성과에 기대는 것이 아니라, 누구나 평균적인 능력으로도 일정 수준의 성과를 낼 수 있는 체계와 구조가 마련되어야 한다.

그런 의미에서 클레임 발생과 대처에 대한 사원 사람의 능력에 의한 처리보다 체계적인 조직에 의한 처리가 중요하다.

▶ 핵심포인트
- 클레임은 은폐보다 조직적으로 공유하고 사전 방지 시스템을 갖추는 것이 중요
- 사장이 아닌 조직 자체의 문제 대응 역량을 강화해야 지속 가능한 구조가 된다
- 특정 인물의 역량이 아닌, 누구나 평균적인 능력으로 성과를 내는 체계를 구축해야 한다

4

사원의 성과가 부족해도 끝까지 위임한다.

❖❖ 미숙해도 사원에게 맡기자.

사장이 사원에게 현장 업무를 위임한 경우, 생각과는 다소 어긋난 방향으로 일이 진행되는 경우가 있다. 예를 들어 오랜만에 영업 활동에 동행했다고 해보자.

그곳에는 기업의 영업사원이 열심히 상담을 진행하고 있다. 그런데 옆에서 듣고 있노라면 미숙한 점이 여러 군데 눈에 띈다. "그건 좀 아니지 않나?"라는 생각이 단 한 시간의 상담 중에도 여러 번 떠오른다.

이럴 때 사장은 반드시 인내하여야 한다. 부하의 이야기를 가로막고 "그것은…"이라며 말을 꺼내면, 사장이 스스로 사원을 부정하는 꼴이 된다. 이런 상황에서는 처음부터 끝까지 현장의 사원에게 맡기고, 큰 방향에서 다르다 싶으면 회사로 돌아와 확인하면 된다.

고객이 "그걸로 됐다"라고 말한다면 실제로는 문제가 없는 것이다. 그것은 고객이 충분히 만족하고 있다는 의미이며, 만약 불만이 있다면 고객은 어떻게든 연락을 취해올 것이다.

▶ 핵심포인트
- 사원의 업무 수행이 미숙하더라도 끝까지 위임한다.
- 사원의 업무 수행에 관하여 불만의 메시지를 보내지 않는다
- 사원의 업무 수행이 고객이 만족했다면 신뢰해야 한다.

⦿⦿ 사원의 부족한 성과도 인정한다.

사장이 장인정신을 가지고 있다면, 쉽게 기준을 낮추지 못한다. "여기까지 하지 않으면 정말 안 된다"고 생각하며 납품할 상품이나 서비스에 대해 높은 잣대를 들이댄다.

상품력과 품질에 있어서 진정한 완성도를 추구하게 된다. 하지만 이 태도가 때로는 지나침이 될 수 있다. 고객이 그 정도 수준까지 요구하지 않는 경우도 많기 때문이다. 이는 업종을 불문하고 흔히 있는 일이다.

사원에게 맡김으로 인해 어느 부분에서 품질이 떨어져 있을지 모르지만, 고객이 충분히 만족하고 있다면 그 사원의 성과를 부정해서는 안 된다. 만약 사장이 이런 장인 타입이라면, 결국 "역시 못 맡기겠다. 사장이 마무리까지 해야 한다"는 결론에 이른다.

이 단계에 이르면 거의 예술가의 세계다. 감성의 영역이기 때문에 사람마다 기준과 기대가 달라, 의견이 평행선을 긋는 경우도 자주 있다. 상품으로서 "절대로 양보 못할 부분"이 있다면 그것은 명확히 하되, 그 선을 지나서는 사원에게 업무를 맡길 수 없게 된다.

▶ 핵심포인트
- 사장의 지나친 완성도 집착은 사원의 성과를 부정하고 위임을 어렵게 만든다.
- 고객이 만족한다면 사장의 기준과 달라도 실질적 문제는 아닐 수 있다.
- 양보할 수 없는 기준은 명확히 하되, 그 외의 영역은 사원에게 위임할 수 있어야 한다.

✿ 기업을 키우려는 의지와 현장 집착의 갈등

실제로 현장을 좋아하는 사장은 기업을 크게 확장하려 하지 않는 경향이 강하다. 그것은 경영상의 판단이니 그 자체로 나쁘다고 할 수는 없다. 그러나 만약 기업을 더 키우고 싶다고 생각하면서도 현장에 대한 집착이 강하다면, '정말로 그 수준까지 고객이 요구하고 있는가?'라는 점을 스스로에게 물어봐야 한다.

이 지점에서 사장이 이해하지 못한다면, 아무리 사원을 늘린다고 해도 그들에게 업무를 온전히 맡길 수는 없다. 결국 조직은 커질 수 없고, 사장은 계속해서 현장에 머무를 수밖에 없게 된다.

이는 조직 성장의 병목이 되며, 장기적으로 기업이 크게 성장하는 데 걸림돌이 될 수 있다.

▶ 핵심포인트
- 현장에 대한 사장의 집착은 기업 확장을 가로막는 구조적 제약이 될 수 있다
- 성장을 원한다면 고객이 실제로 요구하는 수준과 사장의 기준을 구분해야 한다
- 집착을 내려놓지 못하면 위임이 불가능해지고, 조직은 성장의 병목에 갇히게 된다

Chapter
7
사후관리 설계

1. 「수금 관리」를 단계별로 체계화한다.

2. 「A/S」 창구와 기준을 명확히 한다.

3. 「피드백」 수집과 관리를 체계화한다.

4. 「클레임」 해결과 관리를 조직 시스템으로 한다.

1

「수금 관리」를 단계별로 체계화한다.

10억 원대 기업이 안정적인 자금 흐름을 확보하고 성장을 이어가기 위해서는 수금 관리 체계를 구조화하는 것이 필수이다.

●● 거래 조건 설정 및 사전 고지

수금 관리는 거래 전에 이미 시작된다. 불명확한 거래 조건은 향후 수금 지연과 갈등의 원인이 되므로, 계약 또는 거래 시작 단계에서 명확한 조건 설정과 사전 고지가 필수이다.

- 납품일, 검수 방식, 세금계산서 발행일, 대금 지급일 등의 기본 거래 조건을 문서화
- 세금계산서 발행 기준일, 입금 기한(예: 익월 말일), 연체 시 이자 부과 규정 등 포함
- 거래명세서, 납품확인서 등 서류 양식 표준화
- 고객에게 사전 고지 메시지 또는 계약서 조항을 통해 조건을 분명히 전달

사전 조건이 명확해야 이후의 수금 관리가 '설득'이 아닌 '관리'로 전환됩니다.

●● 수금 진행 및 체크 체계 운영

납품 이후부터 입금까지의 기간 동안 체계적인 추적 관리와 소통 체계가 필요하다. 이 단계가 수금의 핵심이며, 지연 발생을 예방하는 역할을 한다.

- 납품 완료 후, 즉시 세금계산서 발행 및 고객에게 전송

- 입금 기한 3일 전, 입금 예정 안내 문자·메일 발송
- 입금 당일 또는 익일 기준으로 미입금 건에 대한 체크리스트 작성 및 사내 공유
- 전담자 지정(예: 영업지원팀, 회계 담당자)하여 전화 또는 문자로 후속 대응
- 사내 ERP 또는 엑셀 기반 수금 관리표를 통해 누락 여부 실시간 확인

핵심은 "입금은 당연한 것이고, 미입금은 반드시 대응한다"는 메시지를 꾸준히 전달하는 것이다.

❖❖ 미수금 대응 및 사후관리

수금이 지연되었을 경우, 단순 재촉을 넘어 사유 확인 → 대응 전략 설정 → 반복 방지 조치까지 연결되어야 한다.

- 입금 지연 사유 파악 : 회계처리 지연, 담당자 변경, 내부 결재 지연 등
- 상황에 따라 기한 연장 요청서 수령, 분할입금 합의 등 유연한 대응
- 누적 연체 고객 리스트화하여 리스크 등급 분류 및 거래 조건 재검토
- 반복 고객에 대해서는 선결제 원칙, 담보 확보, 거래 중단 조건 검토 등 정책 마련
- 연말 또는 분기 단위로 미수금 현황 리포트 작성 및 원인 분석

이 단계에서는 단순히 돈을 받는 것에서 나아가, 반복 리스크를 차단하고 거래 구조를 재정비하는 것이 핵심이다.

2

「A/S」 창구와 기준을 명확히 한다.

✦ A/S 창구의 명확히 안내한다.

소기업은 A/S 센터를 별도로 두기 어렵지만, 고객이 상품에 문제가 생겼을 때 어디로, 어떻게 연락해야 하는지를 명확히 안내하는 것이 중요하다.

그 방법으로는 상품과 함께 제공되는 명세서나 안내문에 담당자 연락처, 이메일, 카카오톡 채널, 웹사이트 고객 문의 게시판 등을 명확히 기재하고, 상담 시간을 안내하여 고객의 불편을 줄이는 노력을 해야 한다.

▶ 핵심포인트

> ▷ 기본 A/S 도구 – 요약
> - 명세서 또는 안내문 삽입: A/S 관련 안내를 상품과 함께 제공
> - 담당자 연락처 명시: 전화번호, 이메일, 카카오톡, 웹 문의 링크 등
> - 응답 가능 시간 안내: 고객이 연락 가능한 요일과 시간대를 사전 공지
> - 간편한 접수 채널 제공: QR코드, 채팅창, 문의 양식 등 접근성 높은 도구 활용
> ▷ 고객이 문제 발생 시 쉽고 빠르게 연락할 수 있는 경로를 명확히 제시하는 것이 핵심이다.

✦ A/S 프로세스의 간소화

접수는 단순화하고, 대응은 신속하게 해야 한다. 고객이 사진이나 간단한 설명만으로 문제 상황을 전달할 수 있도록 하고, 내부에서는 요청 사항을 정리한 뒤 1차 대응 방침을 빠르게 전달해야 한다.

대응은 전화, 문자, 이메일 등 고객의 편한 방식으로 이루어지도록 하며, 지연이 불가피한 경우에는 그 사유와 예상 처리 일정을 선제적으로 안내하는 것이 중요하다.

▶ 핵심포인트

▷ A/S 프로세스 – 요약
  • 간단한 접수 방식: 사진 + 간단 설명만으로 접수 가능하도록
  • 빠른 1차 응답: 접수 후 신속히 대응 방향(교환, 수리 등) 안내
  • 고객 선호 채널 활용: 전화, 문자, 이메일, 카카오톡 등 유연한 응대
  • 지연 시 사전 안내: 처리 지연 시 예상 일정과 사유를 먼저 공지
▷ 핵심은 절차를 최소화하고 응답을 신속화하여 고객 불만이 커지기 전에 대응하는 것이다.

교환·수리 등의 기준

모호한 판단 기준은 고객과 분쟁을 낳기 쉽다. 따라서 소기업일수록 교환, 수리, 환불에 대한 명확한 원칙을 사전에 정해 두고, 이를 고객에게도 사전에 고지해야 한다.

  • 미사용 제품의 교환 · 환불 기준
  • 기능 이상 발생 시 1:1 문의 후 무상 수리 또는 교환 등

이때, 비용 부담 기준(고객 · 업체), 택배 회수 방식, 처리 기간도 함께 명시해야 혼선이 줄어든다.

▶ 핵심포인트

▷ 교환 · 수리 · 환불 기준 – 요약
  • 사전 원칙 수립 및 고지: 교환 · 환불 · 수리 기준을 명확히 정하고 고객에게 안내

- 처리 조건 명시: 예) 배송 후 7일 이내 미사용 시 환불 가능, 기능 이상 시 무상 수리
- 비용 및 책임 구분: 택배비, 수리비 등 부담 주체 명확화
- 처리 기간 안내: 예상 소요 기간을 명시해 고객 불안 해소
▷ 핵심은 모호함 없이 기준을 명확히 하여 분쟁을 예방하는 것이다.

고객별 맞춤형 A/S 차별화

소기업의 강점은 개별 고객과의 관계성에 있다. 자주 거래하는 고객이나 거래처에 대해서는 우선 처리, 무료 점검, 보증 기간 연장 등의 혜택을 제공함으로써 신뢰를 강화할 수 있다. 이러한 차별화는 브랜드 충성도를 높이고, 재구매나 소개로 연결되는 선순환 구조를 만든다.

▶ 핵심포인트

▷ 단골 거래처에 대한 a/s 요약
- 우선 처리 제공: 요청 시 신속 대응으로 신뢰 강화
- 맞춤형 혜택 적용: 무료 점검, 보증 기간 연장, 특별 할인 등
- 관계 중심 관리: 거래 이력에 따라 차등 대응하여 고객 충성도 확보
- 재구매 유도 전략: A/S 만족을 기반으로 반복 구매와 소개 연결
▷ 핵심은 관계의 깊이에 따라 차별화된 서비스로 신뢰와 재거래를 유도하는 것이다.

거래처별 A/S 이력 관리

10억 원대 기업으로 규모가 작더라도 엑셀, 구글 스프레드시트, 또는 간단한 CRM 도구를 활용해 A/S 요청 내역, 처리 일자, 대응 담당자 등의 이력을 기록하면, 반복 이슈 예방과 고객 만족도 제고에 효과적이다. 이런 기록은 나중에 문제 발생 시 신속한 대처와 고객 신뢰 확보에도 유용하다.

▷ 간단한 A/S 이력 관리 - 요약
- 기초 정보 기록: 고객명, 요청 내용, 처리 일자, 담당자 등 기본 사항 정리
- 간편한 도구 활용: 엑셀, 구글 스프레드시트, 간단한 CRM 툴 등 사용
- 반복 이슈 예방: 과거 이력 기반으로 유사 문제 빠르게 대응
- 신뢰 확보 수단: 일관된 응대와 기록 관리로 고객 만족도 향상

▷ 핵심은 작은 규모라도 체계적으로 기록하여 문제 재발을 방지하고 서비스 품질을 높이는 것이다.

3

「피드백」 수집과 관리를 체계화한다.

10억 원대 기업이 100억 원 기업으로 도약하기 위해서는 상품 판매 이후의 피드백 관리 체계를 단순한 고객 응대 차원을 넘어, 경영전략의 일환으로 인식하고 구조화해야 한다.

⚙️ 피드백 수집의 체계화

10억 원대 기업이 100억 원 기업으로 도약하기 위해서는 고객 피드백을 비공식적 대응 수준에서 벗어나, 조직적으로 수집·관리하는 체계로 전환해야 한다.

현재 많은 중소기업은 고객의 불만이나 칭찬, 제안 등을 영업 담당자가 현장에서 비공식적으로 듣고 넘기는 경우가 많으며, 이에 따라 조직 차원의 개선이나 분석으로 연결되지 못하는 한계를 가진다.

이러한 방식은 고객의 반응을 경영에 반영할 수 없는 구조로, 성장을 가로막는 원인이 된다. 100억 원 기업을 지향하는 조직은 다음과 같은 방식으로 피드백 수집을 구조화해야 한다.

▶ 표준화된 수집 채널 운영

웹 기반 설문, 구매 후 자동 전송되는 메시지, 전담 피드백 연락처, 포장물이나 인보이스(Invoice)[13]에 삽입된 QR코드 등 다양한 접점에서 고객의

---

[13] "인보이스(Invoice)"란, 거래 당사자 간의 재화 또는 용역에 대한 판매 내역과 금액, 결제 조건 등을 기재한 청구서 또는 송장(送狀)을 의미합니다. 주로 판매자가 구매자에게 발행하는 공식적인 거래 문서이다.

목소리를 수집할 수 있는 표준 채널을 마련해야 한다. 이를 통해 피드백 수집을 '우연적 대응'이 아닌 '의도적 수집'으로 전환할 수 있다.

▶ 고객군별 핵심 질문 설계

B2B 거래처와 일반 소비자, 신규 고객과 반복 고객 등 고객군별 특성에 맞는 질문을 사전에 설계하여, 보다 정제된 피드백을 받을 수 있어야 한다. 단순한 만족도 수준을 넘어서, 실제 개선의 힌트가 될 수 있는 구체적 항목을 중심으로 질문을 설계하는 것이 중요하다.

▶ 고객 접점 인력의 보고 체계 정립

영업사원, 설치기사, A/S 담당자 등 고객과 접점에 있는 직원들이 일상적으로 듣는 피드백을 내부 시스템에 기록·공유하는 프로세스를 정립해야 한다.

구두 전달이나 개인 메모에 머무는 것이 아니라, 회사 전체가 확인하고 대응할 수 있도록 공식적인 보고 루트를 갖추는 것이 핵심이다.

이러한 구조화 작업은 고객 경험을 개선할 뿐만 아니라, 제품·서비스 품질 향상, 내부 운영 최적화, 브랜드 신뢰도 강화 등 다양한 성과로 연결되며, 100억 원 기업 수준의 경영 체계로 진입하기 위한 필수 기반이 된다.

❖❖ 피드백 운영 체계의 개선

고객 피드백을 단순 수집에 그치지 않고 실제 운영 개선으로 연결하는 것은 100억 원 기업을 지향하는 조직이 반드시 갖추어야 할 핵심 역량이다. 많은 기업이 피드백을 받기만 하고 그 내용을 조직적 의사결정이나 실행으로 연결하지 못하는 경우가 많다.

피드백의 진정한 가치는 '활용'에 있으며, 이를 실질적인 변화로 전환하려면 조직 내 개선 사이클을 설계하고 작동시켜야 한다.

이를 위한 구체적인 체계는 다음과 같다.

▶ 피드백 분석 담당자 지정

수집된 피드백은 명확한 책임 주체가 검토해야 한다. 품질관리팀, 기획팀, 고객 경험 전담자 등 업무 성격에 따라 분석 책임자를 지정하고, 반복되는 문제나 경영 개선에 연결될 만한 제안을 선별하여 관리해야 한다. 이 단계는 피드백을 무시되거나 방치되지 않도록 하는 첫 관문이다.

▶ 정기적인 피드백 리뷰 회의 운영

월 1회 이상 주요 부서가 참여하는 피드백 리뷰 회의를 운영하여, 주요 이슈의 우선순위를 정하고 실행 계획을 수립해야 한다. 이 회의에는 영업, 생산, 고객지원, 품질관리 등 관련 부서의 책임자가 참여해야 하며, 현장에서의 실제 실행력과 연계되어야 한다.

▶ 즉각적 대응 프로세스 구축

모든 피드백이 장기 과제인 것은 아니다. 고객 불만이나 요청 사항은 24시간 이내에 1차 응답이 가능한 체계를 마련해 고객과의 신뢰를 유지해야 한다. 신속 대응은 단순 대응을 넘어, 기업의 응대 수준과 체계에 대한 고객 평가에 직결되는 중요한 요소다.

▶ 피드백 유형 분류 및 우선순위 시스템화

피드백은 무작위로 관리해서는 안 되며, 다음과 같이 유형별로 구조화하여 우선순위를 시스템화해야 한다.
- 단순 클레임: 처리 후 종료되는 즉시성 이슈
- 반복 발생 이슈: 근본 원인을 분석하여 개선 계획 필요
- 구조적 제안: 제품/서비스/운영에 대한 전략적 개선안

이렇게 구분된 피드백은 문제의 심각성, 고객 수, 개선 가능성 등을 기준으로 대응 순서를 정하고 관리해야 한다.

이러한 운영 체계를 통해 피드백은 단순 의견이 아닌 조직 개선의 자산이 되며, 내부 실행력이 있는 기업만이 고객 만족과 시장 신뢰를 동시 확보할 수 있다. 이는 100억 원 기업으로의 도약을 가능하게 하는 실행 기반이자 경쟁력이 된다.

🔴 개선 실행과 고객 알림(환류) 설계

고객 피드백의 진정한 가치는 단순한 수집이나 대응을 넘어서, 고객과의 신뢰를 축적하고 관계를 확장하는 '환류(Feedback Loop)'를 통해 완성된다. 고객이 제공한 의견을 기업이 적극적으로 반영하고, 그 결과를 다시 고객에게 되돌려주는 일련의 구조는 '이 기업은 내 말을 듣는다'는 신뢰를 형성하게 한다. 이는 단순한 A/S 차원을 넘어서, 상품 개선·고객 유지·브랜드 신뢰로 이어지며, 100억 원 기업으로의 도약에 결정적 역할을 한다.

이를 위한 구체적 실행 구조는 다음과 같다.

▶ 개선 결과의 고객 공유

피드백을 반영한 후에는 그 결과를 고객에게 명확히 전달하는 것이 중요하다. 뉴스레터, SNS, 웹사이트 공지사항 등을 통해 변경사항이나 개선 결과를 공식적으로 공유함으로써, 고객이 자신의 의견이 실제로 반영되었음을 체감하게 해야 한다. 이는 고객 신뢰를 공고히 하는 핵심 접점이다.

▶ 고객 맞춤형 재접촉

피드백을 제공한 고객에게는 감사의 메시지와 함께, 반영된 결과나 조치 내용에 대한 맞춤 안내를 별도로 전달해야 한다. 이메일, 문자, 전화 등의 형태로 개별적이고 진정성 있는 사후 커뮤니케이션을 진행함으로써, 단순한 응대 차원을 넘어 관계 강화를 실현할 수 있다.

▶ 고객 커뮤니케이션의 체계화 및 문화 정착

피드백을 일회성 응대로 끝내지 않고, 반복 가능하고 구조화된 고객 커뮤니케이션 체계를 운영해야 한다. "고객의 말이 곧 개선의 시작"이라는 인식이 조직 전체에 공유되고 문화로 자리 잡도록 해야 하며, 이를 위해 피드백 절차를 매뉴얼화하고, 부서별 협업 체계를 구축하는 것이 필요하다.

▶ 고객 만족도 조사의 주기화

전반적인 고객 인식과 개선 방향을 파악하기 위해, 연 1~2회 전체 고객을 대상으로 한 만족도 조사를 정례화해야 한다. 이를 통해 고객의 니즈를 정기적으로 점검하고, 전략적 우선순위를 설정하며, 서비스·제품·운영 정책을 체계적으로 조정할 수 있다.

이처럼 환류 구조를 포함한 피드백 전체의 주기적 관리 체계는 고객 만족을 넘어서 고객 감동, 나아가 재구매·재이용으로 이어지는 관계 자산화로 연결된다. 고객 피드백은 단순한 거래 이후의 반응이 아니라, 다음 거래를 준비하는 전략 자산이며, 100억 원 기업을 지향하는 조직이라면 반드시 설계하고 실행해야 할 성장 기반이다.

4

「클레임」 해결과 관리를 조직 시스템으로 한다.

●● 클레임 해결의 체계화

상품을 판매하면 클레임은 발생한다. 그러므로 클레임에 대응하는 시스템을 구축하여야 한다. 10억 원대 기업에서는 클레임(Claim)[14]이 발생하면 사장이 직접 전면에 나서 문제를 '처리'하는 방식에 익숙하다. 하지만 이러한 방식은 기업이 성장하는 데 사장 의존 구조를 고착시키는 결과를 낳는다.

100억 원 기업으로 도약하려면 클레임에 대응하는 조직 체계를 구축하여 상설조직으로 정착시켜야 한다.

- 상품을 판매한 영업 부문 조직
- 상품의 기술 문제를 해결하는 기술 부문 조직
- 상품의 클레임을 전문적으로 담당하는 사후관리 조직

이러한 시스템적 대응 체계를 갖추면, 클레임은 단순한 '문제'가 아닌 기업의 경쟁력 강화 도구로 전환되며, 이는 100억 원 기업으로의 성장에 있어 핵심적인 발판이 된다.

●● 클레임을 대응 체계 구축

클레임은 예외적 사고가 아니라, 정상적인 기업 활동의 일부로 인식해야 한다. 기업이 성장하면서 고객 접점이 늘어나면 클레임 발생 빈도는 증가

---

[14] "클레임(Claim)"은 상품이나 서비스의 결함, 불만, 손해 등에 대해 소비자 또는 고객이 제기하는 이의 제기 또는 요구 사항을 의미한다.

하고 그 복잡성도 커진다.

따라서 "클레임을 없애자"는 접근보다, "발생하더라도 조직이 신속하고 일관되게 대응할 수 있는 구조를 갖추자"는 관점으로 전환해야 한다.

이러한 인식은 직원들에게도 심리적 안정감을 제공한다. 클레임 발생을 실패로 보지 않고, 프로세스에 따라 대응하면 된다는 시스템적 신뢰를 제공하기 때문이다. 이에 따라 다음과 같은 준비가 필요하다.

- 클레임 발생 시 조직과 담당자의 역할과 대응 프로세스를 명확히 이해하여야 한다.
- 사전에 클레임 해결을 위한 시나리오, 보고 체계, 대응 루틴 등을 포함한 훈련을 반복한다.
- 클레임 발생에 대한 자동화된 알림, 표준화된 대응 시나리오로 조직 전체가 즉시 움직이는 체계를 마련한다.

결국, 클레임은 '발생할 수 있다'는 전제를 수용하는 것이 출발점이며, 사후 대응이 아닌 사전 준비 체계가 100억 원 기업을 위한 필수 기반이다.

∷ 클레임의 신속 대응 체계

클레임 대응에서 가장 중요한 것은 속도다. 고객의 불만이 감정적으로 확산되기 전, 특히 발생 직후 30분 이내의 반응은 클레임의 확대를 막고 신뢰를 회복하는 결정적인 시간이다.

이 시간을 '골든타임'으로 간주하고, 다음과 같은 체계를 매뉴얼로 정립해야 한다.

- 클레임 접수 즉시 자동 알림 시스템 작동
- 30분 이내에 담당자 또는 책임자가 고객에게 연락(전화, 방문, 화상 등)
- 단순한 사과나 확인에 그치지 않고, 즉각적이고 진정성 있는 초기 대

응 수행

- 대응 품질과 절차는 표준화하여 조직 전체의 일관성 유지

이러한 초기 대응 시스템은 '빠르게 대응하라'는 구호가 아니라, 실제로 조직이 움직일 수 있도록 운영 매뉴얼과 훈련으로 정례화 되어야 한다.

결국 "누구나, 언제든, 즉시" 대응할 수 있는 구조가 갖춰지면, 클레임은 위기가 아니라 고객 충성도를 높이는 기회가 될 수 있다.

이처럼 클레임 대응을 조직의 역량으로 구조화하는 일은 단순한 고객 불만 처리 차원을 넘어서, 기업의 성숙도와 성장 가능성을 가늠하는 중요한 지표가 된다.

PART

4

100억 원 기업으로 도약하는
매니지먼트 설계도

Chapter
1
매니지먼트 설계

1. 도약을 위한 매니지먼트 항목을 설계한다.
2. 도약을 위한 매니지먼트 단계를 체계화한다.
3 도약을 위한 매니지먼트 체계로 전환한다.

1

도약을 위한 매니지먼트 항목을 구성한다.

도약을 위한 매니지먼트 항목의 구성

10억 원대 기업이 100억 원 기업으로 도약하기 위해서는 단순한 규모 확장이 아닌, 매니지먼트 항목 구성과 구조화의 설계가 핵심이다. 다음은 도약을 위한 매니지먼트 구성 항목 6가지이다.

> **도약을 위한 매니지먼트 구성 항목**
>
> (1) 채용 기준 확립
> (2) 교육지원 수립
> (3) 평가 체계 확립
> (4) 보상 체계 확립
> (5) 관리 체계 수립
> (6) 경영이념 정립

채용 기준 확립 사항

회사의 경영이념과 직무 역할에 맞는 인재를 선별하기 위해 정확한 채용기준을 수립해야 한다. 이는 단순한 스펙 중심이 아닌,

- 경영이념에 대한 공감도
- 직무 수행 능력과 문제 해결력
- 조직 적합성

을 기준으로 정량·정성적 평가항목을 갖춘 면접 및 채용 프로세스로 구

조화해야 한다.

⚙️ 교육지원 수립 사항

조직 내 누구라도 일정 품질 이상의 업무를 수행할 수 있도록 표준화된 인재 육성 교육 시스템이 필수이다.

- 입사 초기 직무 교육(온보딩)
- 영업·기술·관리 등 부문별 직무 가이드
- 역량 향상 교육(리더십, 문제해결 등)

을 통해 신입부터 중간관리자까지 지속 성장 가능한 내부 육성체계를 갖춰야 한다.

⚙️ 평가 체계 확립 사항

공정하고 반복 가능한 인사평가 시스템은 조직의 신뢰 기반이다.

- 성과(정량), 역량(정성), 태도 기준의 3대 축
- 분기·반기·연간 주기의 다층 평가
- 피드백 기반의 성장 유도형 평가 방식

을 도입하여, 경영 목표와 사원 성장의 접점을 형성해야 한다.

⚙️ 보상 체계 확립 사항

성과와 연계된 명확한 보상 시스템은 사원의 동기 부여의 핵심이다.

- 개인성과급, 팀성과급, 조직성과급 등 3단 보상
- 금전적 보상 외 교육, 직무기회, 특별휴가 등 복리후생 보상
- 평가결과와 연계한 차등 인센티브 설계

를 통해 공정성과 동기를 동시에 만족시키는 체계를 구축한다.

▒▒ 관리 체계 확립 사항

'사장이 없어도 움직이는 조직'을 위해 실행 중심의 관리 체계가 필요하다.

- 업무 매뉴얼화, 프로세스 문서화
- 역할 명확화(조직도, 직무기술서)
- 실적, 수금, 고객, 재고 등 주요 지표의 수치 관리 시스템화

를 통해 경영을 '사람'이 아닌 '시스템'으로 전환해야 한다.

▒▒ 경영이념 정립 사항

기업의 모든 제도와 행동 기준은 경영이념으로부터 출발해야 한다.

- 사명(미션), 비전, 핵심가치 체계화
- 채용, 교육, 평가, 보상의 판단 기준으로 내재화
- 구성원 간 공유·내면화로 조직 문화 형성

을 통해 기업 운영의 중심 철학을 명확히 하고, 방향성과 일체감을 확보한다.

~ · ~

이처럼 10억 원대 기업이 '사장 개인의 운영'에서 벗어나 100억 원으로 도약하기 위한 '매니지먼트 시스템'으로 전환하기 위한 매니지먼트 구성 항목이다.

2

도약을 위한 매니지먼트 단계를 체계화한다.

10억 원대 기업이 100억 원대로 도약하기 위해서는 단순한 인원 충원이나 운영 유지 차원을 넘어, 조직 전체의 작동 체계를 경영 시스템 중심으로 전환해야 한다. 이를 위해 매니지먼트 체계를 ①채용 설계, ②교육 설계, ③평가 설계, ④보상 설계, ⑤관리 설계, ⑥경영이념 정립의 6단계로 구조화하여 실행력을 확보할 수 있다.

① 채용 설계 단계

▶ 기업이 원하는 인재를 명확히 정의하고 선별하는 구조

채용은 단순히 인력을 충원하는 과정이 아니라, 기업의 성장 방향과 조직 문화에 맞는 인재를 선별하는 전략적 활동이다. 이를 위해서는 직무별 요구 역량, 태도 기준, 조직 적합성 등의 채용 기준을 명문화하고, 면접과 테스트를 통해 일관되게 적용해야 한다. 특히 100억 원 도약을 목표로 한다면 '사장의 감'이나 '경력 위주 판단'을 넘어서, 경영이념과 직무에 기반한 기준화된 채용 시스템이 필요하다.

② 교육 설계 단계

▶ 평균 인재도 성과를 낼 수 있도록 만드는 구조

교육은 성과를 내는 사람을 늘리는 시스템이다. 초기 입문 교육을 통해 기본적인 업무 수행 기준과 태도를 익히게 하고, 이후에는 역할·직무별 맞춤형 교육 체계를 통해 성장 단계에 맞춘 역량 강화를 도모해야 한다.

특히 도약기 기업은 사장의 능력 30%만 갖춘 사원도 성과를 낼 수 있도록 업무를 표준화 · 구조화하는 교육 시스템이 핵심이다. 또한, 교육은 '강의 중심'이 아니라 '실행 과제+피드백+코칭' 중심으로 설계되어야 실질적인 성장을 이끌 수 있다.

③ 평가 설계 단계

▶ 사원의 기여도를 객관적으로 측정하고 피드백하는 구조

성과를 측정하지 않고 조직은 성장할 수 없다. 따라서 정량(매출, 이익, 수주 등)과 정성(역할 수행, 태도, 협업 등)을 포괄하는 평가 항목과 기준을 명확히 설정하고, 평가 주기(분기, 반기, 연간)를 제도화해야 한다. 평가의 목적은 단순한 등급 분류가 아니라, 구성원의 방향 정렬과 역량 개발을 이끄는 정기적 피드백 구조를 만드는 것이다. 특히 도약기에는 개인뿐 아니라 팀 단위 평가도 함께 설계되어야 한다.

④ 보상 설계

▶ 성과와 연동된 차등 보상을 통한 동기부여 체계

보상은 평가 결과를 기반으로 사원의 성과와 기여를 인정하고, 구성원의 몰입과 지속 성장을 유도하는 도구다. 기본급(정기급)과 성과급(성과 기반), 복리후생(비금전 보상)을 조합한 다층적 보상 구조를 설계하고, 개인 · 팀 · 조직 성과와 연동한 차등 지급 원칙을 확립해야 한다. 특히, 단기 인센티브뿐 아니라 **중장기 인재 유인을 위한 비전 연계 보상(예: 지분, 승진, 권한)**도 설계해야 성장성과 지속성을 확보할 수 있다.

⑤ 관리 설계

▶ 현장이 스스로 움직일 수 있도록 하는 실행 관리 체계

관리 설계는 사장 중심의 직접 지시 체계에서 벗어나, 조직이 자율적으로 판단하고 실행하는 구조를 만드는 것이다. 이를 위해 역할과 책임(R&R)을 명확히 하고, 일정, 실적, 비용 등의 운영 현황을 공유하며, 정기적인 회의 및 보고 체계를 통해 경영과 현장을 연결해야 한다. 또한 매뉴얼, 체크리스트, 기준표 등을 통해 업무의 표준화와 예측 가능한 운영을 가능하게 하는 실무 기반 관리 체계가 필요하다.

⑥ 경영이념 정립

▶ 모든 시스템의 방향성을 통일하는 조직 철학

경영이념은 기업의 존재 이유와 미래 지향점을 담은 비전과 미션을 통합하는 가치 체계이며, 나머지 모든 경영 시스템의 기준이 되는 상위 개념이다. 기업이 성장할수록 구성원 수는 늘고, 사장의 통제력은 분산된다. 이때 경영이념은 사장이 없더라도 조직이 같은 방향으로 움직일 수 있도록 하는 문화적 기준점이 된다. 도약기 기업은 단순한 슬로건이 아닌, 실행 가능한 경영이념을 정의하고 교육 · 평가 · 보상 등과 연동해야 한다.

3

도약을 위한 매니지먼트 체계로 전환한다.

10억 원대 기업이 100억 원대 기업으로 도약하기 위해서는 단순한 규모 확장이 아니라, 사장이 하던 일을 조직이 대신하는 경영 체계 전환이 필요하다. 이는 곧 매니지먼트 체계로의 전환이며, 다음 세 가지 축「전환의 설정, 실행의 가속, 전략의 정렬」으로 체계를 전환하여야 한다.

⬤⬤ 전환의 설정

▶ '사장 중심'에서 '조직 중심'으로 구조 전환하기

기업이 도약기에 접어들면, 기존처럼 사장이 직접 채용하고, 교육하고, 평가하며, 현장까지 통제하는 방식으로는 더 이상 성장의 속도를 유지할 수 없다. 따라서 사장이 하던 판단과 실행의 기능을 체계화하여 조직이 담당하도록 전환해야 한다.

이를 위해서는 다음과 같은 전환적 설정이 요구된다.

- 매니지먼트 항목 구성: 채용, 교육, 평가, 보상, 관리, 경영이념 등 사장이 하던 핵심 경영 활동을 항목별로 분해
- 역할 이전 구조화: 각 항목을 기준으로, 사장이 아닌 조직(실무자, 관리자, 시스템)이 수행할 수 있는 구조로 이관
- 기준과 도구 정비: 감각적 운영이 아닌, 문서화된 기준과 실행 도구(매뉴얼, 양식, 기준표 등)로 전환

🎯 실행의 가속

▶ 업무가 돌아가게 만드는 체계 구축

매니지먼트는 선언이 아니라 실행되는 구조여야 한다. 조직이 계획만 세우고 실제로 움직이지 않으면 성장은 정체된다. 이를 해결하기 위해서는 실행력을 높이는 다음과 같은 가속 전략이 필요하다.

- 매니지먼트 단계 수립: 채용→교육→평가→보상→관리→이념 정립의 실행 순서를 구조화하여, 단계별로 실행 루틴을 설계
- 실행 매뉴얼 및 도구화: 각 단계마다 실행 가능한 템플릿, 업무 흐름도, 체크리스트, KPI 등을 도구화
- 담당 조직화 및 책임 배분: 각 매니지먼트 기능을 담당하는 관리자나 팀을 지정하고, 실행 성과에 대한 책임 구조를 명확히 설정

🎯 전략의 정렬

▶ 방향성과 시스템이 일치하도록 맞추기

사장이 방향을 제시해도, 조직이 다른 방향으로 움직인다면 도약은 불가능하다. 매니지먼트 체계가 기업의 비전, 목표, 사업전략과 일관되게 작동해야 지속 가능한 성장이 가능하다. 이를 위해서는 다음과 같은 전략적 정렬이 필요하다.

- 경영이념을 중심으로 매니지먼트 기준 통일: 채용기준, 교육내용, 평가항목, 보상방식 등이 모두 기업의 철학과 지향점에 기반하여 설계되어야 함
- 성과 지표의 연동: 각 매니지먼트 단계가 기업의 전략 목표(예: 매출, 고객 만족도, 반복 구매율)와 연결되도록 설계
- 정기적 리셋과 피드백 체계 운영: 전략과 실행 간의 간극을 좁히기

위한 월간 리뷰, 분기 성과 분석, 연간 전략 점검 등의 체계를 정기
화

~ · ~

10억 원대 기업이 100억 원대로 도약하기 위해서는, 사장의 경험과 판단
에 의존하던 경영 방식에서 벗어나, 조직이 작동하는 매니지먼트 체계로
전환해야 한다.

이 전환은 다음의 흐름을 따라야 한다.

- ① 전환의 설정: 사장이 하던 일을 항목화하고 조직이 대신하도록 구
  조 전환
- → ② 실행의 가속: 각 매니지먼트 단계를 실행 가능한 루틴으로 만
  들고 책임화
- → ③ 전략의 정렬: 기업의 철학과 전략에 맞는 일관된 시스템으로
  통합

이러한 세 단계의 정렬이 완성될 때, 기업은 비로소 사장이 없어도 성장
하는 구조를 갖춘 100억 원대 기업으로 도약할 수 있다.

Chapter
2
채용 설계

1. 채용은 마케팅적 발상으로 한다.
2. 사업계획에 의한 채용계획을 수립한다.
3. 성장을 위한 채용 기준을 정립하여야 한다.

1

채용은 마케팅적 발상으로 한다.

✦✦ 채용은 전략적 투자이며 마케팅이다.

10억 원대 기업이 100억 원대로 성장하기 위해서는 채용 전략이 단순한 인력 충원이 아니라 성장을 위한 핵심 전략적 투자임을 인식해야 한다. 많은 경영자들이 "좋은 인재가 오지 않는다"고 불평하면서도 실제로는 채용에 시간, 예산, 전략을 거의 투입하지 않는다.

채용은 마케팅과 같은 구조를 가진다. 구직자 입장에서 기업 선택은 인생의 중요한 투자이며, 기업도 그에 상응하는 매력적이고 전략적인 '채용 콘텐츠'를 기획해야 한다.

자사에 적합한 인재를 명확히 정의하고, 그들이 반응할 정보와 가치, 동기를 설계해 입사 지원이라는 행동으로 연결시켜야 한다. 우연한 채용이 아니라, 구조화된 채용 설계가 필요한 시점이다.

▶ 핵심포인트
- 채용은 인력 충원이 아닌, 성장을 위한 전략적 투자다.
- 좋은 인재를 얻으려면 채용에도 시간·예산·전략을 투입해야 한다.
- 우연한 채용이 아닌, 구조화된 채용 설계가 필요하다.

✦✦ 채용 시스템 재정비: 예산과 메시지의 전략적 설계

채용 시스템을 재설계하려면 채용 예산과 메시지 구조에 대한 인식 전환이 필요하다. 연 매출 100억 원을 목표로 한다면, 최소한 연간 1억 원 이상은 채용 예산에 투자해야 한다.

이는 단순한 비용이 아닌 '전투력 확보를 위한 마케팅 투자'다. 그러나 현실에서는 형식적인 구인 광고, 복사된 템플릿, 단순 조건 나열 등에 그치고 있으며, 이는 우수 인재 유입을 방해한다.

진짜 인재는 기업의 태도와 철학, 성장 가능성, 업무 비전에서 가치를 읽는다. 따라서 기업이 원하는 인재상을 구체화하고, 그에 맞춘 채용 콘텐츠를 설계해야 한다. 마케팅이 목표 고객을 정의하듯, 채용도 명확한 목표 인재상 정의와 메시지 정교화가 선행되어야 한다.

▶ **핵심포인트**
- 채용은 비용이 아닌 전투력 확보를 위한 전략적 투자다.
- 형식적인 공고가 아닌, 인재가 공감할 메시지와 콘텐츠가 필요하다.
- 명확한 목표 인재상 정의와 메시지 설계가 채용 성공의 출발점이다.

❖ 채용은 경영자의 직접 실행 과제다.

100억 원 기업을 준비하는 기업에게 채용은 경영자가 직접 관여해야 할 핵심 업무다. 사장이 현장에서 물러나더라도, 채용만큼은 예외다. 경영자는 직접 인재를 탐색하고, 지인과의 네트워크, 헤드헌터, 추천 경로를 총동원해 좋은 사람을 찾는 데 시간을 써야 한다.

또한, 채용은 매출의 결과가 아니라 원인이다. "사람이 있어서 매출이 오르는 구조"를 만들어야 한다. 채용은 수동적 기다림이 아니라 능동적 시장 개척 활동이다. 사원을 단순 실행 인력이 아니라 '스스로 판단하고 움직일 수 있는 전투력 있는 인재'로 정의하고, 조직 전체를 '사람을 얻는 구조'로 재설계해야 한다.

매달 채용을 고민하는 경영자와 그렇지 않은 경영자의 기업은 결국 경쟁력에서 큰 차이를 보이게 된다.

▶ 핵심포인트
- 채용은 경영자가 직접 관여해야 할 핵심 전략 업무다.
- 사람이 매출을 만드는 구조로, 채용은 수동이 아닌 능동 전략이어야 한다.
- 채용은 실행 인력 충원이 아니라 전투력 있는 인재 확보를 위한 구조 설계다.

2

사업계획에 의한 채용계획을 수립한다.

🔸 성장 로드맵 기반의 인력 수요 예측

채용은 사업계획과 유기적으로 연결된 전략 행위다. 기업이 100억 원 매출을 목표로 할 경우, 그에 따라 필요한 조직 구조와 인력 수요를 먼저 도출해야 한다. 이를 위해 3단계 접근이 필요하다.

1단계는 성장 시나리오 기반의 조직 확장 계획 수립이다. 어떤 제품과 서비스를 어떤 시장에 어떤 방식으로 제공할지를 정의한 후, 그에 맞는 조직 기능을 설정한다. 예를 들어, 기존에는 사장이 직접 하던 영업이 중심이었다면, 성장 이후에는 '마케팅, 고객 관리, 생산기획, 경영관리 부서'가 별도로 필요해진다.

2단계는 기능별 · 시점별 인력 수요의 수치화다. 각 부서별 인력 필요 수를 연도별로 계량화해야 하며, 단순한 전체 인원 합산이 아니라 직무별 투입 시점과 업무량을 기반으로 설계되어야 한다.

3단계는 직무별 인재상 정의와 채용 우선순위 설정이다. 단순히 직무명만 제시하는 것이 아니라, 각 포지션이 어떤 역할을 하고 어떤 역량이 요구되는지 명확히 해야 한다. 이후 사업 우선순위나 내부 공백 등을 고려해 채용 우선순위를 정함으로써, 제한된 자원 속에서도 전략적 채용이 가능해진다.

▶ 핵심포인트
- 채용은 사업계획과 연동된 조직 확장 전략에서 출발해야 한다.

- 기능별 · 시점별 인력 수요를 수치화해 계획적으로 접근해야 한다.
- 직무별 인재상과 채용 우선순위를 명확히 정의해 전략적 채용을 실행해야 한다.

직무별 인재 정의와 신입·경력 채용 병행 전략

성장 단계 기업은 '일 잘하는 사람'을 넘어서 '적합한 사람'을 정밀하게 정의하는 것이 필수다. 추상적인 인재상이 아닌, 직무별 요구 역량을 구체적으로 명시해야 한다. 예를 들어, 외향성과 실행력이 필요한 B2B 영업 인재, 정확성과 커뮤니케이션 능력이 요구되는 재무 인재 등으로 정의해야 한다. 이로써 채용 실패를 줄이고, 직무 적합도 높은 인재를 선별할 수 있다.

또한, 신입과 경력의 병행 전략이 요구된다. 경력 인재는 즉시 전력화가 가능하며, 핵심 부서나 리더 후보로 우선 채용되어야 한다. 반면, 신입 인재는 장기적 자산으로 육성할 수 있으며, 경력자의 보조나 단순업무를 통해 성장 기반을 다진다.

채용 시 중요한 점은 두 인력군의 역할 구조화다. 신입과 경력이 명확하게 기능 분담되고, 멘토-멘티 체계로 연결되어야 교육 효율이 높아지고 조직 시너지가 발생한다. 이러한 설계는 향후 중간관리자 육성 기반이 되며, 성장형 조직의 안정성을 확보하는 핵심 장치가 된다.

▶ 핵심포인트
- 직무별 요구 역량을 기반으로 인재상을 구체적으로 정의한다.
- 신입과 경력 인재를 병행하여 단기 전력과 장기 자산을 확보한다.
- 역할 분담과 멘토-멘티 체계를 통해 조직 시너지와 안정성을 높인다.

✥ 정기·상시 채용 체계의 연계 운영

10억 원대 기업이 100억 원을 목표로 성장하려면 채용도 즉흥적 대응이 아닌 전략적 계획이 필요하다. 이를 위해 정기 채용과 상시 채용을 병행하는 이중 구조를 구축해야 한다.

정기 채용은 연간 계획에 기반하여 채용 시기와 인원, 교육 및 배치를 일괄적으로 설계하는 방식이다. 이를 통해 조직의 예측 가능성과 안정성을 확보할 수 있다.

반면, 상시 채용은 우수 인재를 놓치지 않기 위한 유연한 대응 시스템이다. 상시 인재풀 운영, 지속적인 채용 콘텐츠 노출, 내부 추천제 등의 방식으로 항상 인재 유입 경로를 열어두는 것이 중요하다.

궁극적으로는 정기 채용으로 조직 기반을 다지고, 상시 채용으로 기회를 포착해야 한다. 두 시스템을 연계하면 채용 효율이 극대화되며, 적시적소에 인재를 배치할 수 있는 100억 원 기업 수준의 채용 인프라가 완성된다. 채용은 단기 대응이 아니라, 사업 성장을 설계하는 중심축으로 작동해야 한다.

▶ 핵심포인트
- 정기 채용과 상시 채용을 병행하는 이중 구조를 구축한다.
- 정기 채용은 조직의 예측 가능성과 안정성을 확보하는 수단이 된다.
- 상시 채용은 우수 인재 유입을 위한 유연한 기회 포착 전략으로 작동한다.

3

성장을 위한 채용 기준을 정립하여야 한다.

:: 정서적 공감 여부

채용의 첫 번째 기준은 지원자가 기업의 경영이념에 공감하고 있는가다. 중소기업일수록 경영자의 가치관이 조직문화 전반에 깊게 스며들어 있으며, 이에 대한 정서적 공감이 없는 인재는 장기적으로 조직 내 충돌이나 이탈 가능성이 크다.

예를 들어, "아이의 건강을 지키는 기업"이라는 이념을 가진 회사라면, 아동에 관심이 없거나 반감을 가진 사람은 아무리 스펙이 뛰어나도 적합하지 않다. 이러한 가치관의 일치는 이력서나 자격증으로는 판단할 수 없으며, 서류 및 면접 과정에서 이념에 대한 이해도와 태도를 검토하는 질문이 반드시 포함되어야 한다.

핵심은 기술보다 먼저, 우리와 같은 방향을 바라보는 사람인가를 선별하는 '정서적 공감에 관한 철학적 필터'를 적용하는 것이다.

▶ 핵심포인트
- 채용의 첫 기준은 경영이념에 대한 정서적 공감 여부의 확인이다.
- 가치관이 다르면 조직과 충돌 및 이탈 가능성이 크다.
- 기술보다 먼저 철학적 방향성을 공유하는 인재를 선발해야 한다.

:: 기본적 소통 능력

두 번째 기준은 기본적인 소통 능력과 질문에 대한 반응 태도다. 이는 특히 대외 협업, 영업, 고객 응대가 중심인 직무에서 핵심 역량이다. 단순히 말을 잘하는 것이 아니라, 상대의 질문 의도를 정확히 이해하고, 맥락에 맞게 응답할 수 있는 능력이 중요하다.

이러한 커뮤니케이션 역량은 서류상으로 확인할 수 없고, 면접을 통해 실전 상황에서의 응대 태도, 논리성, 듣는 자세 등을 종합적으로 판단해야 한다.

또한 면접에서는 질문에 대한 태도와 일관성도 함께 봐야 한다. 반응의 신속성, 눈빛, 긴장감 속에서도 드러나는 인성, 그리고 말과 행동의 일관성이 바로 그 사람의 진짜 역량을 드러내는 지점이다.

결론적으로, '이해하고 대응하는 힘'과 '사람을 대하는 태도'는 기술 못지않게 중요한 채용 기준이 된다.

▶ 핵심포인트
- 기본적인 소통 능력과 질문에 대한 반응 태도는 핵심 채용 기준이다.
- 커뮤니케이션 역량은 면접을 통해 실제 태도와 대응력을 종합적으로 판단해야 한다.
- 말과 행동의 일관성, 태도, 인성은 기술만큼 중요한 평가 요소다.

직무 수행의 역량

마지막 기준은 직무에 대한 실질적 수행 능력이다. 이는 이력서나 자격증이 아니라, 실제 직무를 수행할 수 있는가를 판단하는 기준으로, 크게 네 가지 측면에서 평가된다.
- 직무에 대한 이해도
- 해당 직무의 핵심 역량 보유 여부
- 실제 수행 경험 및 성과 가능성

- 교육 없이 즉시 투입 가능한 실무 역량

특히 100억 원 기업을 지향하는 중소기업에서는 채용 후 빠른 전력화가 중요하므로, '즉시 투입 가능성'이 핵심 평가 포인트가 된다.

직무능력 채용기준은 단순히 이력서상의 스펙이 아닌, 실제 업무에서 성과를 낼 수 있는 실용적 능력을 중심으로 해야 하며, 이는 조직 실행력을 끌어올리는 중요한 출발점이 된다.

Chapter
3
교육 설계

1. 신입사원은 교육으로 성장한다.

2. 직무 · 현장 · 성과 중심 교육으로 설계한다.

3. 스타 사원이 회사의 성장을 촉진한다.

1
신입사원은 교육으로 성장한다.

사원의 전력화를 위한 교육 체계

10억 원대 기업이 100억 원 기업으로 도약하기 위해 사원 교육 체계의 수립이 필수이다. 많은 중소기업 경영자들은 신입사원이 '밥값'을 하기까지 3년, 길게는 10년이 걸린다고 말하지만, 이는 필연적인 현실이 아니라 경영자의 기준 설정에서 비롯된 결과다.

사장이 3년 걸린다고 말하면 실제로 3년이 걸리고, 3개월로 설정하면 3개월 이내에 성장하도록 시스템을 설계할 수 있다. 교육은 채용만큼 중요한 경영자의 책무이며, 인력 투자의 성과를 높이기 위해서는 사원이 조기에 전력화될 수 있도록 명확한 목표와 실행 구조가 필요하다.

따라서 신입사원은 3~6개월 내에 자기 역할을 해낼 수 있도록 계획하고, 이를 기준으로 교육 시스템을 구성하는 것이 경영자의 과제다.

▶ 핵심포인트
- 교육 기간은 조기 전력화를 핵심 목표로 기간을 설계한다.
- 3~6개월 이내에 업무 수행을 할 수 있는 교육 체계로 설계한다..

업무 수행에 중점을 둔 교육

사장을 대신하여 현장에 투입되는 신입사원은 기업의 이념과 업무 수행 기준을 처음부터 명확히 이해하고 공유할 수 있도록 구조화된 초기 교육을 받아야 한다.

특히 입사 후 3개월간은 시용 기간이므로, 이 기간 내에 정사원으로 전환 가능한 성과를 내도록 집중적으로 훈련해야 한다. 이를 위해 교육은 다음과 같이 설계되어야 한다.

- 기초업무 교육: 사장이 원하는 방향과 기준을 전달하며 판단력의 기반을 형성
- OJT(현장 실무 훈련)의 재구성: 사람에게 붙이는 방식이 아니라, 일의 흐름에 따라 경험을 설계하는 방식으로 변경
- 사장 또는 간부의 직접 교육 참여: 현장관리보다 중요한 것이 교육이며, 이 초기투자는 반드시 회수된다.

이러한 구조적 교육은 '실무형 인재'를 빠르게 길러내는 조직 기반이 되며, 사원이 제각각 움직이는 문제를 줄이고, 기업의 방향성과 통일된 실천력을 형성할 수 있다.

단계별 시스템화된 교육

효율적인 교육을 위해서는 단계별 프로그램 설계와 시스템화가 필수다. 교육은 단발적이 아니라, 성장 구조와 연결되어야 하며, 다음과 같은 방식으로 운영될 수 있다.

- 단계별 구성: 제1단계(이론) → 제2단계(실습) → 제3단계(현장 적용) 식으로 구분해 현재 배우는 내용과 다음 단계의 연결성을 명확히 함

이러한 교육 체계는 사원이 많아질수록 더욱 위력을 발휘하며, 기업의 확장과 인재 양성을 동시에 달성하는 핵심 도구가 된다. 조기에 시스템을 구축할수록 조직은 더 빠르게 성장하며, 교육을 투자로 인식하는 기업만이 인재를 통해 시장에서 앞서나갈 수 있다.

2

직무 · 현장 · 성과 중심 교육으로 설계한다.

10억 원대 기업이 100억 원 기업으로 도약하기 위해서는, 단순히 신입사원을 채용하는 데 그치지 않고 "조기에 전력화할 수 있는 사원 교육 체계"를 전략적으로 구축해야 한다.

교육 체계는 단기 실무 투입을 가능하게 할 뿐 아니라, 기업의 방향성과 실행력을 내면화한 핵심 인재로 육성하는 구조로 설계되어야 한다.

✨ 직무 중심의 기본 교육

도약기 기업은 인력이 부족하기 때문에 신입사원이 가능한 한 빠르게 '자기 앞가림'을 할 수 있어야 한다. 이를 위해 입사 초기 1~2개월은 직무 수행의 기본기를 철저히 익히는 기간으로 설정한다. 이 시기의 교육 목표는 "혼자서 단순 업무라도 정확하게 수행할 수 있도록 만든다"는 데 있다.

▶ 교육 내용
- 직무별 업무 흐름의 이해
- 사내외 문서 작성법, 보고 체계 등 사무 기초 훈련
- ERP · CRM 등 사내 시스템 사용법 실습
- 수주에서 납품까지 전 과정 흐름 교육
- 자사 상품의 수출입 절차와 대금의 흐름

이는 단순한 기술 숙련이 아니라, 업무 태도 형성과 자율적 실행 기반을 만드는 훈련이다. 초기에 이러한 기초가 잡히지 않으면 조직 내 반복 지시와 수정 요청으로 업무 효율이 크게 떨어진다.

⚉ 실전 기반 현장 교육

10억 원대 기업은 보통 소수정예 체제이므로, 신입사원이라도 고객과의 대면이나 제안서 작성 등의 실무에 빠르게 투입될 수밖에 없다. 이를 위해 자사 산업에 대한 이해, 제품의 특성과 경쟁력, 고객 요구에 대한 분석 교육이 필요하다.

▶ 교육 내용
- 자사 제품의 사양, 장단점, 타사 대비 경쟁력 분석
- 고객 응대와 제안 과정에서 사용할 수 있는 핵심 메시지 정리
- 업계 트렌드, 주요 경쟁사, 시장 구조 이해

이후에는 롤플레이 훈련, 부서 간 순환 실습, 실무 과제 코칭을 통해 현장 감각을 익힌다. 고객 클레임 처리, 보고서 작성, 상품 제안 등 다양한 시나리오 기반 훈련을 반복하면서 실행력과 판단력을 강화한다. 이는 '현장에서 실수하지 않고 대표의 의도를 정확히 수행할 수 있는 신입사원'을 만들기 위한 핵심 과정이다.

⚉ 성과 중심의 성장 교육

100억 원 기업은 단순히 일이 잘 굴러가는 조직이 아니라, 성과를 내는 시스템이 갖춰진 조직이다. 따라서 신입사원도 입사 초기부터 '성과를 내는 훈련'을 받아야 한다. 이는 자율적 업무 계획 수립과 자기 점검 습관을 기르는 교육이다.

▶ 교육 내용
- KPI 설정법, 주간 업무 계획, 업무 일지 작성법
- To-do 리스트, 업무 우선순위 설정법
- 정기 피드백 미팅, 성장 계획 트래킹, 멘토링 제도 운영

이 과정을 통해 신입사원은 지시받고 움직이는 인력이 아닌, 자기 목표를 설정하고 주도적으로 성과를 내는 구성원으로 전환된다. 이는 중장기적으로 조직의 중심 인재로 성장하며, 향후 내부 리더로 육성될 수 있는 기반이 된다.

3

스타 사원이 회사 성장을 촉진한다.

❏❏ 성과 중심의 성장 교육을 한다.

10억 원대 기업은 입사 후 3개월간의 기초 교육을 통해 신입사원에게 업무 수행의 최소 기준과 절차를 익히게 한다. 그러나 그것만으로는 충분하지 않다. 모든 사원이 같은 속도로 성장하는 것은 아니며, 더 높은 성과를 내고자 하는 인재는 교육 이후에도 지속적으로 성장할 수 있는 발판이 필요하다.

이 시점에서 기업은 "두 번째 교육 구조", 즉 성과 중심의 성장 사다리를 설계해야 한다. 이 구조는 사장의 능력의 30% 정도만 갖춘 사람도 성과를 낼 수 있는 환경을 마련함과 동시에, 사장 이상으로 성과를 내는 인재(스타 플레이어)를 식별하고 육성하는 데 목적이 있다.

이러한 인재를 조직이 인정하고 적극적으로 지원할 때, 성과를 낼 수 있는 문화가 형성되고, 그 영향은 팀 전체의 동기부여로 확산된다. 성과를 낸 사람을 단순히 '관리하기 쉬운 틀'에 끼워 넣기보다는, 그 잠재력을 인정하고 이끄는 체계가 필요하다.

▶ 핵심포인트
- 기초 교육 이후에는 성과 중심의 교육으로 설계하여야 한다.
- 성과를 낼 인재를 식별하고 육성하는 교육 시스템이 필요하다.
- 고성과자를 지원하는 조직 문화가 성장 동력으로 작용한다.

❖❖ 고성과자는 조직의 동력이다.

고성과자는 정형화된 절차나 도구를 따르지 않아도, 탁월한 결과를 만들어내는 인재다. 이들은 입소문, 개인 네트워크, 독자적 스타일 등 자기만의 방식으로 고객을 확보하고 성과를 낸다. 중요한 것은 이 성과가 회사 전체에 주는 심리적 파급 효과다.

그러나 일부 기업은 이러한 인재가 기존 방식과 다르다는 이유로 평가절하하거나 통제를 시도하며, 결과적으로 인재 유출과 조직 침체로 이어진다. 반대로, 성과 자체를 있는 그대로 인정하고 유연하게 수용한 기업은 스타플레이어의 성과가 조직 전체의 성장 신호탄이 된다.

"그도 했으니 나도 할 수 있다"라는 문화는 구성원 전체의 성장 의욕을 끌어올리는 기폭제가 되며, 이러한 유연한 인정 구조야말로 건강한 조직 확장의 기반이 된다. 결국, 스타플레이어는 예외적 존재가 아니라, 다음 성과자의 출현을 예고하는 조직의 자연스러운 성장 징후다.

▶ 핵심포인트
- 고성과자는 비정형적 방식으로도 탁월한 성과를 내는 조직의 성장 자산이다.
- 고성과자를 성과 결과로 평가하고 유연하게 수용하는 조직 문화가 필요하다.
- 고성과자는 조직 전체의 성장 동기를 자극하는 긍정적 신호다.

❖❖ 성장이 이끄는 2가지 축으로 교육한다.

100억 원 기업으로 도약하려면, 두 가지 축을 중심으로 교육을 체계화하여야 성장을 이룰 수 있다.
- 첫째, 신입사원을 전력화하는 기초 교육을 체계화하고,

- 둘째, 인재를 배출하는 조직문화와 교육의 체계를 구축하는 것이다.

이 두 축이 유기적으로 작동하는 조직은 지속적으로 인재를 배출하며, 변동성에도 흔들리지 않는 성장 기반을 갖추게 된다.

어떤 경영자는 "몇 명 없는 조직에 굳이 이렇게까지 해야 하느냐"라고 묻지만, 100억 원 기업을 목표로 한다면 반드시 필요한 구조다. 핵심은 교육 그 자체가 아니라, 기업이 일관된 전략과 성장 방침을 보유하고 있느냐에 있다.

스타플레이어의 이탈에 일희일비하지 않고, 다음 성장 사원이 자연스럽게 등장할 수 있는 구조를 설계하는 것. 이것이야말로 진정한 100억 원 기업의 매니지먼트 전략이며, 강한 조직의 본질이다.

▶ 핵심포인트
- 신입 전력화를 위한 기초 교육과 고성과자 육성을 위한 조직문화 체계를 동시에 구축해야 한다.
- 교육은 전략적 성장 방침의 표현이며, 조직의 일관성과 방향성을 담아야 한다.
- 스타플레이어에 의존하지 않고, 인재가 자연스럽게 성장하는 구조가 강한 조직의 본질이다.

Chapter
4
평가 설계

1. 사원 평가 체계를 구축한다.
2. 사원 평가 항목을 설정한다.
3. 사원 평가 주기를 설정한다.

1

사원 평가 체계를 구축한다.

📊 평가 목적의 설정

10억 원대 기업이 100억 원 기업으로 도약하기 위해 사원 평가 체계를 도입하는 핵심 목적은, 단순한 직원 판별이나 감시가 아닌 전사적 성장 전략을 인사 구조에 연결하는 것에 있다.

평가의 목적이 명확하지 않으면 구성원은 제도를 신뢰하지 못하고, 평가 결과도 조직 성과로 연결되지 않는다. 따라서 100억 원 기업을 지향하는 중소기업은 사원 평가의 목적을 명확히 다음 두 가지로 설정할 필요가 있다.

- 첫째, 성과에 따른 합리적이고 동기부여가 되는 금전적 보상
- 둘째, 개인의 역량과 성과를 기반으로 한 승진, 배치 등 인사 활용

이러한 명확한 목적 설정은 구성원에게 평가의 의미와 공정성에 대한 신뢰를 제공하며, 조직 전체가 성과 중심의 성장 문화로 전환되는 기초가 된다.

📊 성과에 대한 금전적 보상

성과에 따른 금전적 보상은 평가 제도 도입의 가장 강력한 동기 유발 수단이다. 특히 도약기 기업에서는 기존의 정액 보너스 또는 근속 기반 보상 구조를 벗어나, 실제 업무 기여도와 성과에 따른 차등 보상 체계를 확립해야 한다.

- 정량적 평가(성과지표)를 기반으로 한 성과급 차등 지급

- 개인 성과와 팀 성과의 연계, 즉 개인이 속한 조직의 성과도 일정 부분 반영
- 지속적 성과자에 대한 누적 보상, 일회성 보상이 아닌 반복성과 연속성 강조

이러한 구조는 구성원에게 "노력은 성과로, 성과는 보상으로 연결된다"라는 명확한 메시지를 전달하며, 조직 내 경쟁력 강화와 몰입도 향상에 기여한다.

인사관리 기준의 정립

평가 제도의 또 다른 핵심 목적은 조직 내 적재적소 인재 배치와 리더 육성이다. 도약기에 접어든 기업은 조직 구조가 복잡해지고, 리더십 수요도 증가하게 된다. 이에 따라 평가 결과는 다음과 같은 인사 전략의 실질적 기준으로 활용되어야 한다.

- 승진 판단의 기준: 단순 근속 연수가 아닌 성과, 역량, 태도를 종합적으로 반영한 정량·정성 평가 등급에 따라 승진 대상자 선정
- 직무 재배치: 성향, 실행력, 태도 등을 기반으로 한 포지션 적합성 판단. 평가를 통해 리더형, 실행형, 보조형 인재를 선별하고 최적 위치 배치
- 핵심 인재 육성: A~S 등급 상위자에 대해 교육, 멘토링, 핵심 프로젝트 우선 참여 기회 부여 등 육성 계획 연계

이처럼 평가를 인사 전략에 일관되게 연결하면, 조직 전체가 역동적으로 움직이며, 개인의 성장과 조직 목표 달성을 동시에 추구하는 구조가 형성된다.

●● 평가의 핵심 사항

도약기 기업의 사원 평가는 단순한 연봉 조정이나 성과 확인 수단이 아니라, 성과에 따라 보상하고, 역량에 따라 승진과 배치를 설계하는 전략적 인사관리 시스템의 시작점이다. 명확한 평가 목적 설정은 조직의 미래 구조를 계획하고, 구성원의 동기를 자극하며, 100억 원 기업으로의 체계적 전환을 가속화하는 핵심 도구가 된다.

▶ 전략적 인사의 출발점

도약기 기업에 사원 평가는 단순한 연봉 조정이나 실적 확인의 도구가 아니다. 이는 조직이 성장하는 과정에서 성과에 따라 보상을 차등화하고, 역량에 따라 인재를 선별하여 적재적소에 배치하는 전략적 인사관리 시스템의 시작점이 된다.

평가는 단지 숫자를 매기고 등급을 나누는 행위가 아니라, 사람을 성장시키고 조직의 방향성을 정렬시키는 리더십 도구다. 특히 100억 원 기업을 준비하는 기업이라면, 평가의 목적은 명확해야 하며, 이는 궁극적으로 다음과 같은 효과를 만들어낸다:

- 조직의 미래 인재 구조를 설계할 수 있는 기초 데이터를 확보하고,
- 사원 개개인의 동기를 자극하여 자발적 성장과 몰입을 유도하며,
- 성과 중심의 조직문화 정착을 통해 체계적 경영 전환을 가속화할 수 있다.

또한, 제대로 된 평가 시스템은 단기적 보상뿐만 아니라 중장기 승진 및 육성 계획과도 연결되어야 한다. 역량이 입증된 사원을 다음 리더로 성장시킬 수 있는 기반을 마련함으로써, 조직 내 리더십 계승 구조도 자연스럽게 만들어진다.

결국, 평가란 '성과와 성장의 교차점'이다. 현재를 측정하는 동시에 미래

를 설계하는 도구이며, 이 체계를 정립한 조직은 인사상의 혼선을 줄이고, 신뢰 기반의 성장 문화를 구축할 수 있다.

▶ 핵심포인트

- 사원 평가는 단순한 연봉 조정이 아니라 전략적 인사관리의 출발점이다.
- 명확한 평가 목적은 조직 설계와 구성원의 동기부여를 동시에 이끈다.
- 성과와 역량에 따른 보상·승진·배치를 연계하여 체계적 경영 전환을 가속화 한다.

2

사원 평가 항목을 설정한다.

　10억 원대 기업이 100억 원 기업으로 도약하기 위해 사원 평가 체계를 설계할 때, 평가의 기본 구조를 '성과, 역량, 태도'라는 3대 항목으로 구성하는 것이 매우 효과적이다.

⚫⚫ 성과(Performance) 항목

　성과 평가 항목은 사원이 맡은 업무에 대해 얼마나 구체적인 결과를 창출했는지를 판단하는 기준이다. 주로 매출, 납기 준수, 생산성, 고객 대응 건수 등 정량화 가능한 수치 기반 지표를 중심으로 구성된다.

- 목표 달성률, 업무 실적, 성과 개선율 등이 핵심 평가 요소이며,
- 객관적이고 비교 가능한 수치로 구성되어 평가의 신뢰성과 수용성을 높이는 데 중요한 역할을 한다.

　성과 항목은 기업이 단기적으로 성과 중심 조직으로 전환할 수 있도록 도와주며, 성과급 보상, 승진 판단 등 금전적 인센티브 설계의 근거가 된다.

⚫⚫ 역량(Competency) 항목

　역량 평가 항목은 사원의 업무 수행 과정에서 드러나는 문제 해결력, 실행력, 협업 능력 등 실천적 역량을 평가하는 기준이다.

- 자기 주도성, 업무 판단력, 프로젝트 실행력, 팀 내 협업 태도 등이 주요 평가 요소이며,
- 특히 실무에 강한 인재, 현장 대응력이 중요한 중소기업일수록 이 항

목의 중요성이 커진다.

역량 항목은 단순한 결과 중심의 평가에서 벗어나, 사원의 성장 가능성과 리더십 잠재력을 파악하는 데 중요한 기준이 된다. 이는 조직의 중장기적 인재 육성과도 직결된다.

태도(Attitude) 항목

태도 평가 항목은 사원이 조직 구성원으로서 책임감 있고 성실한 자세로 업무에 임하고 있는지를 평가한다.

- 근무 성실성, 보고 및 보고 체계 준수, 조직 문화 적응력, 리더 및 동료에 대한 협조 태도 등이 포함된다.
- 수치화는 어렵지만, 구성원의 기본 자세와 조직 안정성 유지에 핵심적인 요소로 작용한다.

태도 항목은 인성 기반 평가의 역할을 하며, 팀워크를 중시하는 조직에서는 성과보다 더 중요한 판단 기준이 될 수 있다. 평가자 면담, 동료 피드백 등을 통해 정성적으로 반영된다.

핵심 포인트

'성과, 역량, 태도'의 3대 평가 항목은 10억 원대 기업이 100억 원 기업으로 도약하기 위한 「성과 중심 + 성장 중심 + 조직 안정 중심」의 균형 잡힌 평가 체계를 구성하는 핵심 축이다.

이 구조는 사원 개인에 대한 정확한 진단뿐 아니라, 보상, 배치, 육성 등 다양한 인사전략의 기반이 되며, 도약기 기업의 체계적인 인재 관리 시스템 구축을 위한 필수 프레임워크라 할 수 있다.

3

사원 평가 주기를 설정한다.

10억 원대 기업이 100억 원 기업으로 도약하기 위해서는, 사원 평가 목적에 의하여 평가 주기를 설계하여야 한다.

🔸 평가 주기의 설계 개요

사원 평가의 주기는 단순히 일정에 따라 정기적으로 반복되는 것이 아니라, 평가의 목적과 용도에 따라 전략적으로 설계되어야 한다. 주기를 적절히 설계하지 않으면, 평가가 형식에 그치거나 조직 내 신뢰를 잃게 되며, 오히려 역효과를 초래할 수 있다.

기업이 성장하면서 사원 평가의 목적은 보다 명확해지고, 일반적으로 다음의 두 가지 축으로 구분된다:

🔸 금전적 보상을 위한 평가

금전적 보상을 위한 평가는 성과에 따라 인센티브, 성과급, 연봉 조정 등의 단기적 보상 결정에 활용되므로, 평가 주기를 다음 사항을 고려하여 설계하여야 한다.

- 주로 분기 또는 반기 단위로 진행되며,
- 성과의 즉시성과 기여도를 기준으로 평가해야 효과적이다.
- 평가-보상 간의 연결성이 높기 때문에 지연 없이 실행되는 것이 중요하며,
- 목표 대비 성과, 정량지표 중심으로 구성되는 것이 일반적이다.

이러한 주기적 평가는 구성원들에게 명확한 동기 부여를 제공하며, 성과

중심 조직문화를 정착시키는 데 기여한다.

인사관리(승진·배치·육성)를 위한 평가

인사관리를 위한 평가는 단기성과보다는 장기적 성장 가능성과 조직 적합성을 판단하는 데 초점을 두므로, 평가 주기를 다음 사항을 고려하여 설계하여야 한다.

- 일반적으로 연 1회 정기적으로 실시되며,
- 정량성과 정성평가, 역량과 태도, 팀 기여도 등을 종합적으로 다룬다.
- 승진, 직무 이동, 교육 대상자 선정, 중간 관리자 육성 등을 위한 기초 자료로 활용되며,
- 기간 중 누적된 관찰 내용과 피드백이 평가에 반영되어야 실효성을 높일 수 있다.

이 유형의 평가는 구성원의 중장기 성장 전략을 수립하고, 인재 풀을 정비하는 데 필수적인 역할을 한다.

▶ 핵심포인트

평가 주기는 목적별로 이중 설계되어야 한다.

- 보상을 위한 평가는 짧고 반복적으로 운영하여 즉각적 반응을 유도하고,
- 인사를 위한 평가는 연간 누적 정보를 기반으로 심층적이고 정기적으로 실시되어야 한다.

이 두 주기를 병행하고 연계할 때, 평가의 실효성과 전략적 인사관리가 동시에 가능해진다.

Chapter
5
보상 설계

1. 성과에 대한 보상 체계를 확립한다.

2. 개인 성과에 대한 보상 체계를 확립한다.

3. 팀 성과에 대한 보상 체계를 확립한다.

1

성과에 대한 보상 체계를 확립한다.

✦ 성과 보상의 목적

회사가 10억 원대에서 100억 원대로 도약하기 위해서는 직원의 성과가 회사의 전략적 목표와 명확히 연계되어야 한다. 특히 성장단계의 기업은 직원들이 기업의 성장 목표를 개인의 목표로 인식하고 적극적으로 참여할 수 있도록 보상의 목적과 방향성을 분명히 설정할 필요가 있다.

▶ 성과 보상의 목적

직원들에게 성과 보상의 목적이 단순한 금전적 이익이 아니라, 회사의 비전 달성에 필수적인 것임을 명확히 전달한다. 이를 통해 직원들이 회사의 장기 목표 달성을 위한 자발적인 몰입과 책임감을 느끼게 한다.

▶ 성과 보상의 목표

개인의 성과 보상을 회사의 성장 목표(매출, 고객 수, 영업이익 등)와 연계하여, 개인이 회사의 성공과 본인의 성장을 일치시킬 수 있도록 동기를 부여한다. 성과 중심의 문화 형성을 유도함으로써 지속 가능한 성장 동력을 확보한다.

✦ 성과 보상 체계의 설계

성과 보상 체계는 성과 평가의 결과를 반영하여 객관적이고 합리적인 기준으로 운영되어야 한다. 이를 위해 개인 성과와 팀 성과를 구분하여 설계하고, 특히 성장기의 기업에서는 회사 성과급도 추가로 설정하여 직원들의 협력을 촉진할 필요가 있다.

▶ 개인 성과급의 설계

직원의 정량적 성과(매출 달성률, 계약 건수, 신규 고객 확보율 등)와 정성적 성과(직무 태도, 조직 내 협력도, 역량 개발 등)를 명확히 평가한 후, 이에 따른 차등 인센티브를 지급한다. 특히 우수한 성과를 낸 직원들에게는 보다 높은 인센티브 비율을 적용하여 성과 동기를 강화한다.

▶ 팀 성과급의 설계

팀 단위의 목표 달성을 독려하기 위해, 팀 전체 성과(부서 매출 목표 달성률, 영업이익 달성률, 프로젝트 성공률 등)에 따라 별도의 팀 인센티브를 추가로 지급한다. 이는 팀 간의 협력과 시너지 효과를 높이기 위한 장치로 작용한다.

▶ 회사 성과급의 설계

전 직원이 회사의 성장 목표 달성에 직접적으로 연계된 성과급(목표 매출 또는 영업이익 초과분의 일정 비율)을 공유하도록 설정하여 전사적 목표 달성을 촉진한다.

∷ 보상 관리의 유의사항

보상 운영 시 가장 중요한 점은 투명성, 객관성, 공정성이다. 이러한 원칙이 훼손되면 직원들의 불신이 커지고 보상의 동기부여 효과는 현저히 떨어진다. 또한 보상 체계의 지속 가능한 운영을 위해 다음과 같은 사항에 유의하여 관리해야 한다.

▶ 평가 기준 투명성

직원들에게 보상 기준과 평가 절차를 사전에 명확히 공지하고, 정기적인 설명회를 통해 충분히 공유하여 직원들의 신뢰도를 높인다.

▶ 차등 지급의 공정성

보상 차등화의 근거가 합리적이고 객관적 평가에 기초해야 한다. 성과 평가 결과가 명확히 공개되고, 평가 과정에 대한 피드백과 이의제기 절차도 마련해야 한다.

▶ 성과 유지 관리

보상 이후 성과가 유지되고 향상될 수 있도록 지속적인 피드백과 후속 관리(성과 코칭, 교육훈련 지원 등)가 필수적이다. 이를 통해 직원들의 성과 지속성을 유지하며, 장기적 성장에 기여할 수 있도록 돕는다.

이와 같은 체계적인 보상 운영을 통해 10억 원대 기업이 100억 원대 기업으로 성장하기 위한 성과 기반의 조직문화를 정착시킬 수 있다.

2

개인 성과에 대한 보상 체계를 확립한다.

10억 원대 기업이 100억 원 기업으로 성장하기 위한 개인 성과에 대하여 금전적·복리후생적·포상 및 인사상 보상을 한다는 보상 체계를 확립하여야 사원과 회사가 성장하는 체계가 된다.

∷ 성과자에 대한 금전적 보상

정량적 성과에 대한 보상은 객관적인 수치를 기준으로 명확하게 평가하고 보상하는 방식으로, 직원들이 달성한 목표와 성과를 명확히 반영할 수 있는 효과적인 보상 방식이다.

▶ 실적 성과급(인센티브)

개인의 매출 실적, 신규 고객 확보 수, 판매 목표 달성률 등 성과가 정량적으로 측정되는 지표에 따라 차등 인센티브를 지급한다. 예를 들어, 매출 목표 대비 달성률을 기준으로 일정 비율을 성과급으로 지급하거나 초과 달성 시 추가 인센티브를 부여한다.

▶ 목표 달성 성과급

특정 프로젝트나 업무에서 사전에 정한 목표를 달성했을 때 일회성 보너스를 제공하여 명확한 동기부여 효과를 얻을 수 있다.

∷ 성과자에 대한 복리후생적 보상

정성적 성과에 대한 보상은 직원의 역량, 태도, 협력 등을 평가하여 직원의 장기적 성장을 촉진하는 방식이다. 금전 외의 비금전적 보상을 통해 직무 몰입도와 조직 내 만족도를 높일 수 있다.

▶ 특별 휴가 및 유연근무 제공

우수한 업무 태도, 팀 협력에 기여한 직원에게 특별 휴가, 휴가 연장권, 재택근무 등 유연한 근무 환경을 제공하여 업무 효율성과 개인의 삶의 질을 함께 향상시킨다.

▶ 교육훈련 기회 부여

역량 개발에 적극적인 직원에게는 전문 교육과정이나 외부 세미나 참여 기회를 제공하여 지속적인 성장을 지원하며, 장기적으로 조직에 기여할 수 있는 인재로 성장시키는 데 기여한다.

▶ 직무 성장 기회 제공

잠재력과 높은 직무 역량을 보이는 직원에게 새로운 업무 기회, 프로젝트 책임자 지정, 내부 멘토링 참여 기회 등을 제공하여 직원들이 성취감과 성장 욕구를 지속적으로 충족할 수 있도록 한다.

▶ 즉시 포상 제도

특정 성과나 특별한 공로를 인정하여 상품권, 소정의 포상금, 또는 간단한 선물을 제공하여 즉각적으로 직원의 노고를 인정한다. 이는 직원의 소속감과 업무 만족도를 높이는 데 효과적이다.

3

팀 성과에 대한 보상 체계를 확립한다.

10억 원대 기업이 100억 원 기업으로 성장하기 위한 팀 성과에 대하여 팀원에게 보상한다는 원칙을 회사의 구성원에게 알리고 그 결과를 공유하여야 회사와 조직이 성장을 할 수 있다.

●● 팀 성과의 금전적 보상

팀 단위의 성과 보상은 개개인의 성과뿐만 아니라, 공동 목표 달성을 촉진하여 팀원들의 협력과 조직 전체의 성과를 높이는 데 효과적이다. 금전적 보상은 성과 달성의 명확한 기준과 결과를 기반으로 실시된다.

▶ 팀 목표 달성 인센티브

분기별, 반기별로 설정된 팀 매출 목표, 영업이익 목표, 프로젝트 성공률 등 명확한 정량적 목표를 달성하거나 초과 달성할 경우, 팀 성과급(인센티브)을 지급한다.

▶ 성과 등급별 차등 보상

팀 전체가 목표를 초과 달성한 경우, 달성률에 따라 성과급 비율을 추가적으로 차등 지급함으로써 높은 성과를 낸 팀에게 더 큰 보상을 제공하고, 목표를 미달한 팀에 대해서는 개선의 동기를 부여한다.

▶ 직급별 차등 지급

성과에 대한 기여도와 책임의 정도를 고려하여 팀 내 직급별로 차등 보상 비율을 적용함으로써 팀 내 역할에 따른 책임과 공헌도를 합리적으로 인정한다.

⁜ 팀 성과의 복리후생적 보상

비금전적인 복리후생 보상은 팀원 간의 친밀감과 협력을 증대시키고, 조직 내 긍정적인 문화를 형성하는 데 기여한다. 특히, 협력을 중시하는 팀 성과 보상에서는 매우 효과적이다.

▶ 팀 특별 휴가 및 행사 지원

목표를 초과 달성한 팀에게는 추가 휴가, 팀 단위의 여행, 워크숍, 회식 비용 등 다양한 복리후생 혜택을 제공하여 팀의 결속력을 강화하고 조직 내 팀 간 선의의 경쟁을 촉진한다.

▶ 팀 역량 개발 프로그램 제공

팀 성과를 지속적으로 향상시키기 위해 외부 전문가 초빙 특강, 교육 세미나 참가, 팀 단위의 연수 프로그램 등 역량 개발 기회를 제공하여 장기적 성장을 지원한다.

▶ 근무 환경 개선 지원

높은 성과를 낸 팀에게는 팀 전용 휴게 공간, 업무용 시설 개선, 사무실 환경 개선 등 실질적인 복리후생 지원을 통해 업무 효율성을 높이고 직원의 만족도를 증대시킨다.

Chapter
6
관리 설계

1. 성장 단계별 경영관리 체계를 확립한다.

2. 성장을 위한 자금관리 체계를 확립한다.

3. 규칙과 규정으로 조직관리 체계를 확립한다.

1

성장 단계별 경영관리 체계를 확립한다.

10억 원대 기업의 성장 단계별 경영조직 구조화는 기업의 규모 확대와 함께 조직의 형태와 운영 방식이 변화하는 과정을 의미한다. 이는 경영자의 직접 통제 방식에서 벗어나 점진적으로 권한을 분산하고 조직화된 시스템으로 전환하는 흐름으로 나아간다. 이를 세 단계로 나누어 다음과 같이 설명한다.

1단계: 솥뚜껑형 경영조직 체계

- (사원 수 20명 이하, 매출 10억~20억 수준)

이 단계에서는 사장이 전면에서 모든 업무를 직접 통제하며, 영업, 생산, 관리 등 모든 부문이 사장 1인에게 집중되어 있다. '솥뚜껑'의 손잡이처럼 사장이 중심에 있고, 실무자들이 그 둘레에 위치하는 단순하고 수평적인 구조다.

중간관리자나 책임자는 사실상 존재하지 않으며, 사장이 부재하면 경영이 정지될 정도로 개인 의존도가 매우 높다. 의사결정 속도는 빠르나, 전문성과 지속 가능한 시스템은 부족한 상태이다.

▶ 핵심포인트
- 사장이 전면에 나서 전 부문을 직접 통제
- 중간관리자 부재, 실무자와 사장 간 직접 커뮤니케이션
- 조직 구조는 수평적이나, 권한은 사장 1인에 집중
- 빠른 의사결정과 실행 가능
- 사장 부재 시 경영 공백 발생 위험

- 책임소재는 명확하나, 시스템 운영은 미흡

● ● 2단계: 직능 중심 경영조직 체계

- (사원 수 20~30명, 매출 20억~60억 수준)

기업이 성장하면서 경영자는 세부 업무에 일일이 관여하기 어려워지고, 이에 따라 영업, 생산, 관리 등의 주요 기능별 책임자가 등장하게 된다. 각 기능 부문은 책임자 중심으로 운영되며, 업무 장이 명확해지고 보고 체계가 생긴다.

이 시기에는 직능별 분업이 정착되기 시작하지만, 여전히 의사결정 권한은 경영자에게 집중되어 있다. 부서 간 협력이 부족하거나 중간관리자의 역량이 미흡할 경우, 경직된 커뮤니케이션과 병목 현상이 발생할 수 있다.

▶ 핵심포인트
- 영업, 생산, 관리 등 기능별 책임자 지정
- 직무 분담 및 보고 체계 형성 시작
- 기능별 전문성 강화와 업무 체계화 가능
- 경영자는 전략과 조정 업무에 점진적으로 집중
- 의사결정은 여전히 경영자 중심
- 부서 간 협력 미흡 시 병목 및 갈등 가능성 존재

● ● 3단계: 부문 중심 경영조직 체계

- (사원 수 30명 이상, 매출 60억~100억 수준)

기업이 본격적으로 성장함에 따라 단순한 기능 중심 조직을 넘어서 본부제, 팀제, 사업부제 등 분권형 조직 구조로 전환되어야 한다.

영업본부, 생산본부 등 주요 단위별로 목표와 책임을 부여하고, 중간관리자가 성과를 책임지는 체계가 정착된다.

경영자는 현장을 직접 통제하기보다 전략을 기획하고 조율하는 역할로 전환되며, 내부에는 인사·재무·기획 등 경영지원 기능이 별도로 구조화된다.

이 단계에서는 시스템에 의한 운영, KPI 기반의 성과관리, 보고체계 정립, 조직 간 조정 메커니즘이 동시에 요구된다.

▶ 핵심포인트
- 본부제·팀제·사업부제 등 분권형 구조로 전환
- 중간관리자에게 목표 및 성과 책임 위임
- 경영자는 전략 수립 및 조직 조정 역할 수행
- 영업·생산·관리 기능 내재화 및 지원조직 체계화
- 부서 간 조율 및 협력 체계 구축 필요
- 성과 기반 평가 및 시스템 운영 정착 단계

~···~

이와 같이 10억 원대 기업은 '사장 중심의 수작업 조직'에서 '시스템 기반의 조직 운영'으로 전환해 나가며, 각 성장 단계마다 조직 형태와 경영자의 역할이 재정의되어야 한다.

2

성장을 위한 자금관리 체계를 확립한다.

10억 원대 기업이 100억 원 기업으로 도약하기 위해서는, 단순한 현금 입출금 관리 수준을 넘어선 전략적 자금관리 체계를 설계해야 한다. 기업의 규모가 커질수록 매출보다 '자금 흐름'이 경영의 생명선이 되며, 이를 체계적으로 관리하지 않으면 성장 과정에서 심각한 자금 경색이나 신용 리스크에 직면할 수 있습니다.

⠿ 자금계획의 수립 (Cash Planning System)

▶ 월 단위 자금계획의 목적

월 단위 자금 계획표 수립의 목적은 앞으로의 자금 유입과 지출을 미리 예측하여 자금 부족이나 불균형을 사전에 방지하고, 필요한 시점에 필요한 자금을 안정적으로 확보할 수 있도록 하는 데 있다. 이를 통해 경영자는 자금 흐름의 흐트러짐 없이 운영의 안정성과 투자 타이밍을 조율할 수 있다.

- 자금 유입과 지출의 불균형 해소
- 자금의 안전성 확보
- 투자타이밍의 조정

▶ 월 단위 자금계획의 필수사항

월 단위 자금 계획표 수립의 실행 방법은, 먼저 예상 매출과 수금 일정을 기준으로 월별 자금 유입을 정리하고, 인건비, 임대료, 세금, 외주비 등 주요 비용 항목을 지출 항목별로 구분하여 정리한 뒤, 이를 한 달 단위로 비교 분석하는 방식이다. 이후 주간 단위로 세분화해 자금 흐름을 더 정밀하게 조정하며, 부족 자금에 대한 대책이나 여유 자금 운용 방안도 함께 검토한다.

- 매출 예상, 수금일 기준 입금 스케줄 작성
- 인건비, 세금, 임대료, 외주비 등 고정·변동비 구분
- 예측표는 월별 → 주간 단위로 정밀화 가능

▶ 월 단위 자금계획의 핵심포인트

월 단위 자금 계획표 수립의 핵심 포인트는 사장과 재무담당자가 *자금 흐름을 '선제적으로 조정'할 수 있어야 한다. 자금의 흐름을 '사후 확인'이 아니라 '사전 예측과 조정'의 관점에서 관리하는 것이다.

단순히 입출금을 기록하는 것이 아니라, 언제, 얼마가 들어오고 나갈지를 미리 파악하고 대응 전략을 세우는 것이 핵심이며, 이를 통해 경영자는 자금 부족을 예방하고, 투자와 지출의 타이밍을 정확히 조절할 수 있는 통제권을 갖게 된다.

- 선제적 자금관리
- 자금 부족 예방
- 투자와 지출 타이밍 조절

⠿ 매출채권의 관리(A/R Management)

▶ 매출채권 관리의 목적

발생한 매출이 실제로 현금화되기까지의 과정을 체계적으로 관리하여 자금이 묶이거나 연체되는 상황을 방지하고, 기업의 안정적인 현금 흐름을 확보하는 데 있다. 이를 통해 매출은 발생했지만, 자금이 회수되지 않아 생기는 운영자금의 경색, 외상 리스크, 자금 부족 문제를 최소화하고, 건전한

거래처와의 지속적인 관계 유지 또한 가능하게 한다.

- 운영자금의 경색
- 외상 리스크
- 자금 부족
- 거래처와 지속적인 관계

▶ 수금과 채권 관리의 운영

거래처별 결제 조건과 신용도를 기준으로 매출채권을 분류하고, 수금 일정을 체계적으로 추적·관리하는 구조로 이루어진다. 이를 위해 먼저 고객별 거래 조건(현금, 후불, 어음 등)을 데이터베이스화하고, 수금 예정일 기준으로 월별·주간별 회수 계획표를 작성한다.

이후 연체 가능성이 있는 거래처는 사전에 등급화하여 별도 관리 대상으로 분류하고, 연체 발생 시에는 즉시 알림·독촉·상담·제한 조치 등의 대응 프로세스를 발동한다. 또한 회수 실적을 기준으로 부서별 책임 보고 체계를 구축하고, 미수금 비율이나 회수율 등을 정기적으로 점검·분석하여 리스크를 조기 파악할 수 있도록 운영된다.

- 고객별 결제조건(현금, 후불, 어음 등) 데이터 관리
- 연체 가능성이 있는 거래처는 사전 등급 분류
- 미수금 현황표 주간/월간 관리 및 회수 목표 설정

▶ 수금과 채권 관리의 핵심포인트

매출을 단순한 장부상의 숫자가 아닌 '현금으로 회수되는 실질 자산'으로 관리하는 인식 전환에 있다. 아무리 높은 매출이 발생하더라도, 제때 회수되지 않으면 기업의 자금 흐름은 경색되고 경영 안정성은 위협받게 된다.

따라서 핵심은 "판매보다 회수가 먼저"라는 관점으로, 수금 일정을 미리 관리하고, 연체를 사전에 방지할 수 있는 구조를 만드는 것이다. 이는 결

국, 매출의 '발생'보다 '현금화'에 초점을 맞춘 자금 중심의 경영 체계를 정착시키는 데 그 본질이 있다.

- 매출의 안정성 확보
- 연체 예방
- 현금화 중심의 경영

🎯 자금 집행 체계의 확립(Budget Control)

▶ 자금 집행 체계의 목적

사전에 수립한 예산과 실제 집행 결과를 비교·분석함으로써 자금 사용의 효율성을 높이고, 계획과 실행 사이의 차이를 조기에 발견하여 경영 리스크를 사전에 통제하는 데 있다.

이를 통해 기업은 무계획적인 지출이나 불필요한 비용 낭비를 방지하고, 한정된 자원을 전략적으로 배분할 수 있으며, 동시에 조직 전반에 책임 있는 예산 집행 문화와 숫자 중심의 관리 관점을 정착시킬 수 있다.

- 예산과 집행의 차이 분석
- 계획과 실행의 리스크 발견 및 대처
- 비용의 낭비 방지

▶ 자금 집행 체계의 수립

먼저 연간 사업계획에 따라 예산을 항목별로 수립하고, 이를 월별 또는 분기별 단위로 세분화하는 것으로 시작된다. 이후 각 부서나 프로젝트 단위로 실제 집행된 비용과 수익을 정기적으로 집계하고, 해당 실적을 예산과 비교하여 차이(편차)를 분석한다.

이 과정에서 예산 초과 항목이나 지출 누락 항목에 대해서는 원인 분석과 사후 조치 계획을 함께 보고하도록 하고, 정기적인 경영회의나 예산회의를 통해 담당 부서의 설명과 계획 조정을 병행한다. 이를 체계적으로 운영하기 위해 엑셀 기반 관리표 또는 ERP 시스템 등을 활용하여 수치 관리의 실시간성과 투명성을 확보하는 것도 중요하다.

- 연간 예산 → 분기/월 단위로 세분
- 예산 승인 → 실행 → 사후 분석 프로세스 운영
- 예산 초과 사용 시 승인 라인 설정

▶ 자금 집행 체계의 핵심포인트

예산 대비 실집행 모니터링 체계의 핵심 포인트는, 계획과 실제 간의 차이를 수치로 명확히 확인하고, 그 편차에 대한 원인을 빠르게 파악하여 즉시 대응하는 '관리의 속도와 정확성'을 확보하는 데 있다.

이는 단순한 사후 점검이 아니라, 예산 집행의 흐름을 실시간으로 통제하고 조정할 수 있는 체계를 갖추는 것으로, 궁극적으로는 무계획 지출을 방지하고 자금 운용의 전략적 선택과 집중을 가능하게 한다.

즉, 숫자를 보고하는 것이 아니라, 숫자를 경영 판단의 근거로 삼는 운영 문화를 정착시키는 것이 가장 핵심이다.

모든 자금 집행이 목적과 ROI를 전제로 움직여야 함

자금 흐름 보고의 체계화

▶ 자금 흐름 보고의 목적

사장과 재무담당자 간에 자금 흐름과 재무 상태에 대한 정보를 실시간으로 공유하고, 주요 자금 집행이나 리스크 상황에 대해 신속하고 정확한 의사결정을 가능하게 만드는 데 있다.

기업이 성장할수록 자금의 규모와 복잡성이 커지기 때문에, 사장이 재무 흐름을 직관에만 의존하거나 보고 없이 판단할 경우 자금 오류, 지급 지연, 유동성 위기 등의 경영 리스크가 발생할 수 있다.

이를 방지하기 위해 체계적인 보고 체계와 소통 채널을 구축함으로써, 숫자 기반의 경영 판단을 일상화하고 재무 운영의 신뢰성과 투명성을 확보하는 것이 이 체계의 핵심 목적이다.

▶ 자금 흐름 보고의 방법

먼저 사장과 재무담당자 간의 정기적인 소통 루틴을 설정하는 것으로 시작된다. 예를 들어, 주간 자금 보고 미팅을 통해 수입·지출 현황, 계좌별 잔액, 미수금 회수 상황, 주요 지출 예정 항목 등을 공유하고, 필요한 경우 사장이 즉시 판단할 수 있도록 한다.

또한, 월 단위로는 손익 보고서, 자금 흐름표, 예산 대비 실적 보고서 등을 문서화하여 사장에게 정기 제출하며, 이때 편차나 이상 지표에 대해서는 사전 분석과 설명 자료를 함께 제공한다.

긴급 자금 지출, 차입 결정, 외상거래 조건 변경 등의 중요한 사항은 사전 승인 체계를 통해 반드시 사장에게 보고하고 결정받도록 절차를 명확히 한다. 이와 함께, 보고 형식을 일정한 양식(예: 월간 자금현황표, 거래처 미수금 리스트 등)으로 통일해 정보 전달의 일관성과 신속성을 확보한다.

- 주간 자금보고 회의 정례화
- 주요 거래처의 입출 내역 변화, 대규모 지출 사전 보고
- 차입이나 외상 조건 변경 시 리스크 알림 체계 포함

▶ 자금 흐름 보고의 핵심포인트

자금과 재무 관련 정보를 사장과 실무자 간에 정기적이고 일관되게 공유함으로써, 재무 상황에 대한 '정보의 단절'을 방지하고, 경영상의 주요 판단을 숫자 기반으로 신속하게 내릴 수 있는 구조를 만드는 것이다.

특히 자금이 부족해지거나 예상 외 지출이 발생했을 때, 이를 늦게 인지하거나 보고가 누락되면 경영 전체에 타격을 줄 수 있으므로, 문제 발생 전에 사전 경고가 가능한 체계를 만드는 것이 중요하다.

즉, 핵심은 재무가 '뒤늦게 보고하는 부서'가 아니라, 경영 판단의 실시간 조력자 역할을 하도록 조직 내 소통 구조를 설계하는 데 있다.

- 재무 상황에 대한 단절 방비
- 경영상 주요 의사결정 자료 제공
- 자금 흐름의 문제 발생에 관한 경고 체계 확립
- 경영 판단의 실시간 조력 체계

3

규칙과 규정으로 조직관리 체계를 확립한다.

✦✦ 경영 인프라의 질서 구축

10억 원대 기업이 100억 원 규모로 도약하기 위해서는, 경영자의 감각이나 구두지시에 의존하는 운영 방식에서 벗어나야 한다.

조직이 커지고 업무가 복잡해지는 만큼, 내부 규칙과 운영 규정이라는 명문화된 '사내 규정'을 제정하는 것이 필수적이다. 이 작업은 단순한 문서 정리가 아니라, 사람과 조직, 업무가 정해진 원칙 아래에서 일관되게 움직이도록 만드는 경영 인프라의 설계이자 실행 기반이다.

▶ 핵심포인트
- 경영자의 감각 · 지시 중심 운영에서 명문화된 원칙 중심 운영으로 전환
- 사람 · 조직 · 업무를 일관된 기준 아래 움직이게 만드는 기반 구축
- 단순 문서가 아닌, 조직 운영의 시스템화 과정
- 기업 성장과 복잡성 증가에 대응하기 위한 필수 작업

✦✦ 규칙과 규정 제정의 목적

사내 규칙과 규정의 제정 목적은, 늘어나는 인원과 복잡한 업무를 명확한 기준과 절차에 따라 체계적으로 운영하기 위함이다. 이는 구성원 모두가 동일한 원칙 아래에서 일하고 평가받을 수 있도록 함으로써 공정성을 높이고, 조직 내 불필요한 갈등과 혼선을 줄이며 효율적인 운영을 가능하게 만든다.

특히 경영자의 직접 통제에 의존하던 방식은 더 이상 한계에 봉착하게 되므로, 규정이 조직 운영의 기준으로 작동하도록 구조화해야 한다.

▶ 핵심포인트
- 조직 내 행동 기준과 책임 범위 명확화로 경영 혼선 방지
- 모든 구성원이 동일한 기준에서 일하고 평가받는 구조 확립
- 불필요한 갈등과 충돌 예방, 조직 효율성과 신뢰도 향상
- 경영자 직접 통제의 한계를 보완하는 운영 기반 마련

내부규정 제정의 원칙

내부규정은 실무에 바로 적용 가능한 실용적인 내용으로 단순하고 명확하게 설계되어야 하며, 실무자가 쉽게 이해하고 실행할 수 있어야 한다. 대기업의 규정을 그대로 모방하는 것이 아니라, 자사의 현재 조직 규모와 성장 단계에 적합하도록 유연하게 구성하는 것이 중요하다.

또한 각 규정에는 책임자나 적용 부서를 명확히 지정하여 운영 책임을 분명히 해야 하며, 경영 환경 변화나 조직 확장에 따라 정기적으로 점검·개정할 수 있는 체계를 마련함으로써, 규정이 살아 있는 조직 운영 도구로 작동할 수 있도록 해야 한다.

▶ 핵심포인트
- 단순하고 명확하게 설계하여 실무자가 쉽게 이해하고 실행 가능하도록 한다.
- 조직의 규모와 현실에 맞춘 맞춤형 규정으로 대기업 모방 지양
- 운영 책임자 및 담당 부서 명확히 지정하여 실행력 확보
- 정기적 점검과 유연한 수정이 가능한 구조로 경영 환경 변화에 대응

✪ 제정해야 하는 내부규정

도약기에 반드시 제정해야 할 핵심 내부규정은, 사람, 자금, 자산, 정보 등 조직 운영의 핵심 요소를 통제하고 질서 있게 관리하기 위한 기본 규정들로 구성된다.

이 규정들은 기업이 10억 원대에서 100억 원 기업으로 성장하는 과정에서 조직 혼선을 방지하고, 공정하고 효율적인 경영 체계를 정착시키는 데 필수적이다.

① 취업규칙

상시종업원 10인 이상 사업주는 취업규칙을 제정하여 관할 노동지청에 신고하여야 한다. 작성 사항은 근로기준법 제93조에 명시된 각 호의 근로시간, 임금, 휴가, 복무 기준, 징계, 휴직 등 근로조건 등에 대하여 의무적으로 작성하여 신고한다.

② 임원보수규정

임원의 개별 보수는 정관·주주총회 및 이사회의 결의로 임원보수(급여·상여·퇴직급여·기타보수) 지급규정을 제정하여 그에 따라 지급한다.

③ 인사관리규정

사원의 채용, 승진, 전보, 징계, 퇴직 등 인사 전반의 기준과 절차를 명시하여, 사람 관리의 공정성과 예측 가능성을 확보한다.

④ 직원급여규정

기본급, 수당, 성과급, 지급일, 정산 방법 등을 명확히 하여, 임금 관련 갈등과 혼선을 사전에 차단한다.

⑤ 경비 지출 및 결제 규정

법인카드, 출장비, 식대, 외주비 등 비용 사용의 승인 절차와 정산 방법을 규정하여, 재무통제를 명문화하고 남용을 방지한다.

⑥ 자산 및 비품 관리 규정

회사 자산(노트북, 기기, 차량 등)의 취득, 사용, 대여, 반납 절차를 정해 자산 분실과 오용을 방지한다.

⑦ 고객정보보호 및 기밀관리 규정

고객 정보, 사내 전략자료 등 중요 정보의 접근·보관·폐기 기준을 마련하여, 정보 유출과 보안 리스크를 통제한다.

⑧ 조직 운영 규정

부서 간 역할 분담, 직무 책임, 보고 체계 등을 정하여, 조직 내 커뮤니케이션 흐름과 업무 책임선을 명확히 한다.

~ · ~

이와 같은 핵심 규정들은 기업이 사람이 늘어도 흔들리지 않는 구조를 갖추기 위한 최소한의 경영 질서 장치이며, 도약기에 조직의 내실을 다지는 중요한 기반이 된다.

Chapter
7

경영이념 설계

1. 경영이념은 경영전략의 중심이다.

2. 경영이념이 조직을 움직인다.

3. 미션과 비전이 경영이념을 만든다.

1

경영이념은 경영전략의 중심이다.

✱✱ 사업전략의 경영이념 필요성

모든 기업은 도입기, 성장기, 성숙기, 전개기, 안정기라는 사업주기를 거치며 각 시점마다 다른 전략적 결정을 요구받는다. 특히 성숙기에 접어든 기업은 생존과 지속 성장의 기로에 서게 되며, 이 시점에서 반드시 명확한 방향성과 선택이 필요하다.

10억 원대에서 100억 원을 목표로 하는 중소기업이라면 대기업과의 정면 경쟁을 피하고, 자신만의 시장을 만들어야 하는 현실적 한계를 마주하게 된다. 이때 선택 가능한 전략은 세 가지지만, 중소기업 입장에서 실현 가능한 전략은 '온리원 전략(Only-One Strategy)[15]'과 '지역 밀착 전략(Local Engagement Strategy)[16]'뿐이다.

이런 전략을 실행에 옮기기 위해, 반드시 필요한 기준이 바로 '경영이념'이다. 경영이념은 단순한 구호나 철학이 아니라, "무엇을 선택하고 무엇을 버릴 것인가"에 대한 전략적 판단의 기준이자 출발점이다.

✱✱ 온리원 전략의 실행 기준은 경영이념이다.

온리원 전략은 단순히 독창적인 제품을 내놓는 것이 아니라, '선택과 집중'의 전략을 통해 대기업이 따라올 수 없는 틈새를 만들어내는 방식이다.

---

[15] 온리원 전략(Only-One Strategy)은 경쟁사와 차별화되는 독점적인 제품이나 서비스를 제공하여 시장을 선도하는 전략이다.

[16] 지역밀착 전략(Local Engagement Strategy)은 특정 지역의 특성과 요구에 맞춰 사업이나 서비스를 제공하는 전략을 의미한다.

그러나 많은 중소기업은 무엇을 버릴지 결정하지 못해 전략이 흐려지고, 확장만을 추구하다가 방향을 잃는다.

이때 필요한 것이 바로 경영이념에 기반한 전략적 선택의 기준이다.

예를 들어,
- 어떤 상품을 중심에 둘 것인지,
- 어떤 고객층에 집중할 것인지,
- 어떤 가치를 끝까지 고수할 것인지,
- 이 모든 판단의 출발점이 경영이념이다.

경영이념이 뚜렷할수록 선택의 명확성이 높아지고, 경쟁보다 차별화에 집중할 수 있으며, 나아가 대기업이 따라오기 어려운 고유 시장을 구축할 수 있게 된다.

경영이념은 전략의 중심축이다.

경영이념은 전략을 수립하는 기준일 뿐 아니라, 전사적 실행의 일관성을 유지하게 만드는 중심축이다. 마케팅, 인사, 고객관리, 평가, 조직문화까지 이념이 반영되어 있어야 전략이 지속 가능하다. 예를 들어,
- 상품 전략의 우선순위는 어떤 이념을 반영하는가?
- 직원을 채용할 때 어떤 기준으로 사람을 선별하는가?
- 고객과의 관계에서 어떤 가치를 지키고자 하는가?

이 모든 경영 활동의 기저에는 경영이념이 하나의 판단 기준으로 작동해야 한다. 또한, 경영이념은 정적인 문구가 아니라 기업의 성장 단계에 따라 진화하는 가치여야 한다.

시장과 고객, 조직이 변하면 이념 역시 깊이를 더해가야 하며, 그 변화는 사내에 명확히 선언되고 공유되어야 한다. 그래야만 기업의 전략은 지속 가능하고, 구성원은 방향성에 대한 신뢰를 유지할 수 있다.

경영이념은 '왜 이 일을 하는가'에 대한 명확한 답이자, 사업주기별 전략의 분기점에서 흔들리지 않는 중심축이다. 이념이 살아 있는 조직은 선택이 분명하고, 전략이 일관되며, 중소기업이라도 독자적인 길을 설계할 수 있다.

100억 원 기업을 지향하는 여정에서, 경영이념은 가장 실질적인 전략적 자산이 된다.

2

경영이념이 조직을 움직인다.

** 경영이념은 구호가 아닌 실천이다.

경영이념은 단순히 보기 좋은 문장이나 액자 속 구호로 존재해서는 안 된다. 많은 기업이 이념을 인쇄해 사무실에 걸어두지만, 그것만으로는 경영의 기준이 되지 못한다.

여기에는 '형식적 지혜'와 '암묵적 지혜'라는 개념이 존재한다. 누구나 볼 수 있도록 표현된 이념은 형식적 지혜이고, 실제로 조직을 움직이게 하는 것은 반복적으로 공유되고 체화된 암묵적 지혜다. 마치 제품 설명서와 실사용 가치가 다르듯, 진정한 경영이념은 조직 구성원들의 말과 행동 속에서 살아 숨 쉬어야 한다.

문장으로만 존재하는 이념은 곧 잊히지만, 사장이 늘 강조하는 말이나 태도가 사원들에게 자연스럽게 스며든다면, 그것이야말로 실질적으로 작동하는 경영이념이다.

** 경영이념은 일상에서 전파된다.

경영이념을 정립했다면, 그다음 과제는 이념을 조직 전체에 어떻게 전파하고 정착시킬 것인가다. 이를 위해서는 사장이 이념을 일상적인 커뮤니케이션 안에서 반복적으로 전달하는 전략이 필요하다.

회의, 조회, 현장 미팅 등 다양한 접점에서 구체적인 사례를 바탕으로 이념을 해석해주는 것이 효과적이다. 사건, 인물, 행동에 대한 칭찬 등을 통해 매일 다른 방식으로 전달하면, 사원은 자연스럽게 이념의 진의를 이해하게 된다. 단순한 문장으로 전달된 이념은 해석이 다양할 수 있으므로, 사장이 직접 그 뜻과 뉘앙스를 설명해주는 과정이 반드시 동반되어야 한다.

이러한 반복적 대화와 가치관의 주입은 사원의 사고와 행동이 이념을 기준으로 작동하게 만들며, 그것이 바로 사내 커뮤니케이션의 핵심 목적이 된다.

✿✿ 경영이념이 살아 있는 조직의 모습

경영이념이 조직 내에 제대로 자리 잡으면, 사원은 현장에서 스스로 판단하고 행동할 수 있게 된다. "사장이라면 어떻게 할까?"를 상상하며 판단하는 사고방식은 보고나 허락 없이도 자율적이고 책임 있는 행동을 가능하게 한다.

이처럼 이념은 기업의 모든 접점에서 영업, 고객 대응, 인사, 홍보에 자연스럽게 반영되어야 하며, 이를 위해 구체적인 도구화가 필요하다. 예를 들어, 어프로치 북의 첫 장에 경영이념을 담거나, 이념이 담긴 행동 기준 카드를 제작하여 고객과의 상담 시 활용하는 방법이 있다. 이로써 고객은 기업의 철학을 자연스럽게 받아들이고, 사원은 그 철학에 기반한 행동을 스스로 조율하게 된다.

이념이 실질적인 평가 기준, 행동규범, 의사결정의 잣대로 사용될 때, 비로소 그것은 '살아 있는 경영이념'이 된다. 이는 단지 철학이 아닌, 조직을 움직이는 구체적 시스템이자 실행 도구다.

3

미션과 비전이 경영인며을 만든다.

88 미션과 비전의 경영 철학

경영이념(Philosophy)은 단순히 '좋은 말'이나 '표어'로 그치는 것이 아니라, 조직이 어떤 존재로서, 어떤 기준에 따라 세상과 관계 맺으며 행동할 것인가를 정립하는 가장 근본적인 가치의 틀이다.

이 이념은 기업의 모든 의사결정과 행동 양식을 통일시키는 정신적 헌장이며, 미션(존재 이유)과 비전(미래 방향)을 하나의 일관된 가치 체계로 통합한다.

- 미션(Mission)이 현재의 정체성을 설명한다면, 이는 '우리는 왜 존재하는가?', '지금 무엇을 하고 있는가?'라는 질문에 대한 답이다.
- 비전(Vision)이 미래의 지향점을 그린다면, 이는 '우리는 어디로 갈 것인가?', '어떤 모습으로 성장할 것인가?'에 대한 해답이다.
- 경영이념(Philosophy)은 이 둘을 연결해, '우리는 어떤 생각과 태도를 가지고 이 길을 걸을 것인가?'를 선언한다.

이러한 경영이념은 기업의 전략과 제도, 조직문화, 리더십, 직원 행동에 이르기까지 모든 운영 원리의 뿌리가 된다. 이는 마치 나무의 뿌리처럼 보이지 않지만, 기업의 정체성과 지속 가능성을 떠받치는 토대 역할을 한다.

예를 들어,

- "우리는 고객과의 신뢰를 바탕으로 사회적 책임을 다하는 기업이 된다."
- "사람 중심 경영을 통해 개인과 조직의 성장을 함께 이룬다."

- "모든 의사결정의 중심에는 장기적 가치와 윤리가 있다."

이러한 철학은 단순한 이상이 아니라, 인사 제도, 성과 기준, 고객 응대 매뉴얼, 신입 교육 프로그램 등에까지 관철되어야 진정한 경영이념이 된다.

❖❖ 경영이념의 효력

경영이념이 실천력을 갖추었을 때, 다음과 같은 효과를 창출한다:

▶ 조직 전체의 판단 기준이 일관 된다.

다양한 부서, 다양한 직무가 각각의 의사결정을 내릴 때도 같은 가치 기준을 공유하므로 혼선이 줄고 통일성이 강화된다.

▶ 사원 개개인의 자율성과 책임감을 키운다.

지시가 없어도, 이념이 가리키는 방향에 따라 스스로 판단하고 행동할 수 있게 된다. 이것이 자율경영의 시작점이다.

▶ 기업의 브랜드와 정체성이 뚜렷해진다.

외부 이해관계자(고객, 투자자, 파트너 등)는 기업의 철학을 통해 기업의 진정성과 차별성을 인식하게 된다.

결론적으로, 경영이념은 단지 슬로건이 아니라, 현재와 미래를 연결하고, 실천과 사고를 정렬시키며, 조직을 공동체로 묶는 핵심 축이다.

이념이 명확한 기업은 어떤 위기 상황에서도 중심을 잃지 않고, 성장 과정에서 흔들리지 않는 내적 기준을 가지고 움직일 수 있다.

10억 원 기업이 100억 원 기업으로 도약하려는 시점에서, 바로 이 경영이념이 '확장 가능한 경영 철학의 기반'으로 작용하게 된다.

:: 경영이념 예시 : 유니클로의 경영이념

유니클로를 운영하는 패스트리테일링(Fast Retailing) 그룹은 다음과 같은 경영 철학을 표방한다.

"옷을 바꾸고, 상식을 바꾸고, 세계를 바꾼다(Change clothes, change conventional wisdom, change the world)."

이 문구는 단순한 브랜드 캐치프레이즈가 아니라, 유니클로가 의류 회사를 넘어 사회 변화를 주도하는 존재로서 어떤 정체성과 방향성을 갖고 있는지를 명확히 보여줍니다.

▶ 미션 (Mission)

"옷을 통해 더 나은 삶을 제공한다."

유니클로는 의류를 단순히 '패션'으로 보지 않고, 고객의 삶을 편리하게 만들고, 누구나 쉽게 접근할 수 있는 '라이프웨어(LifeWear)'로 정의한다.

즉, '고객의 일상에 실질적 도움을 주는 제품을 만드는 것'이 유니클로의 존재 이유이다.

▶ 비전 (Vision)

"세계 최고의 소비자 브랜드 기업이 된다."

유니클로는 단기적인 판매 성과에 머무르지 않고, 글로벌 시장에서 고객 중심, 지속가능성, 혁신의 관점에서 업계를 선도하는 기업이 되는 것을 목표로 한다.

특히 기술 기반 섬유 개발, 글로벌 로지스틱스 혁신, 디지털 기반 경영 등도 이 비전을 실현하는 수단으로 삼고 있다.

▶ 경영이념 (Philosophy)

이 모든 미션과 비전은 앞서 언급한 "옷을 바꾸고, 상식을 바꾸고, 세계를 바꾼다"는 철학에 의해 관통되고 있다.

이는 단순한 의류 제조·판매를 넘어서, 기존 산업과 사회의 관행을 개선하고 변화시키는 혁신적 마인드를 강조한다.

유니클로는 이념을 실현하기 위해 다양성과 포용(예: 전 세계 채용과 여성 리더 육성), 지속가능한 공급망 운영, 사회적 책임(예: 재난 지원, 환경 대응) 등을 구체적으로 실천하고 있다.

마무리하며

사장은 도약의 중심이다.

❖❖ 사장은 현장에서 물러나야 도약할 수 있다

'10억 원 기업'과 '100억 원 기업'의 가장 큰 차이는 사장의 역할 변화에 있다.

10억 원대 기업에서는 마케팅과 고객 확보, 영업 실행까지 모든 업무가 사장 중심으로 이루어진다. 사장이 직접 인맥을 활용해 거래처를 열고, 매니지먼트는 뒷전인 경우가 많다.

반면, 100억 원 기업은 구조 자체가 다르다. 사장이 현장에서 물러나고, 평균 사원의 능력이 사장의 30% 수준이더라도 성과를 낼 수 있도록 조직이 구조화되어 있다.

또한, 회사는 경영이념을 중심으로 방향성을 설정하고, 그 철학에 공감한 고객이 스스로 모여들게 된다. 사장의 역할이 실행자에서 전략가로 전환되는 변화를 맞이한다.

사장이 해왔던 현장 실무를 사원에게 위임하고, 조직 전체를 조율하는 리더로 거듭나야 하는 것이 바로 도약의 전제조건이다.

❖❖ 운영자가 아니라 경영자로 전환이 필수다.

현장에서 물러나는 것은 사장이 조직의 중심에서 사라진다는 의미가 아니다. 오히려 사장은 기업의 철학, 전략, 방향성을 설계하는 중심축으로서 더 강력한 역할을 수행해야 한다.

많은 사장은 "이제 영업 현장을 그만두라"는 권유에 강한 거부 반응을 보인다. 그동안 성과를 내 온 방식이기에 익숙함을 버리기 어렵기 때문이다. 하지만 현실은 단호하다.

사장이 영업 최전선에서 물러나지 않으면, 회사는 절대 100억 원을 넘어설 수 없다. 이제 사장이 해야 할 일은 자신이 직접 현장에 나가서 만드는 성과가 아니라, 조직 전체가 성과를 낼 수 있는 시스템을 설계하고 이끄는 전략 리더십을 발휘하는 경영자인 것이다.

✦✦ 100억 원 기업으로 도약은 경영구조의 결과다.

10억 원대 기업이 100억 원대로 도약하는 것은 결코 허황된 이상이 아니다. 컨설팅 현장에서 축적된 사례를 통해, 마케팅과 매니지먼트의 구조만 제대로 갖추면 100억 원은 실현 가능한 목표임을 증명하였다.

"3년 만에 100억 원 달성!"은 구호가 아닌, 경영조직의 구조 설계와 실행력 강화라는 실질적 접근이 도약의 핵심이다. 즉, 사장의 운영 방식에서 조직의 경영방식으로의 전환이다.

이 여정을 통과한 기업의 사장은 단순한 운영자가 아니라, '경영자'로서의 진화를 완성하게 된다.

마지막으로, 이 글을 읽고 있는 경영자는 머지않은 장래에 100억 원 기업으로 도약할 것이다. 그 출발점에 선 당신을 진심으로 응원한다.

♣ 저자 · 역자 소개

지은이 ㅣ 이소즈미 타케시
주식회사 후나이종합연구소 집행임원 겸 컨설턴트이다. 리모델링 회사, 건축, 주택
관련 회사, 광고기획사, 인재파견회사, IT기업, 벤처기업 등 200여 개 기업의 실적
을 향상하게 하여 「이소즈미 매직」 별칭의 컨설턴트로 활동하고 있다.
주요 저서로는 〈왜, 당신은 일하고 있지요?〉 〈영업 인력의 법칙〉 〈성장하는 기업
의 실적향상 대책 55〉 〈즉효! 실천강좌 이소즈미 매직으로 실적 향상〉 등이 있다.

지은이 · 옮긴이 ㅣ 코페경영연구소
중소기업의 성장 전략과 경영관리 등을 연구 · 교육 · 컨설팅하는 중소기업 경영 전
문 연구소이다. 주요 저서 · 번역서 등으로 〈목표관리 실무〉 〈사업계획의 판매계획
수립과 작성〉 〈동기부여 리더십〉 〈보고서 리포트 작성기술〉 〈기획서 제안서 작성매
뉴얼〉 〈주가는 등락해도 확실하게 버는 주식매도 방법〉 〈시황별 주식투자 방법〉 등
다수가 있다.

**매출 10억 원대 기업을
100억 원 기업으로 만드는 방법**

2025년 7월 24일 개정판 발행

지은이	이소즈미 타케시, 코페경영연구소
옮긴이	코페경영연구소

발행인	강석원
발행처	한국재정경제연구소 《코페하우스》
등록번호	제2-584호(1988.6.1.)

주소	서울특별시 강남구 테헤란로 406, A-1303
전화	02) 562-4355
팩스	02) 552-2210
전자우편	kofe@kofe.kr
홈페이지	kofe.kr

ISBN	978-89-93835-90-8 (13320)

책값은 뒤표지에 있습니다.